『アントニオ猪木をさがして』

10月6日(金)
TOHO シネマズ 日比谷ほか全国ロードショー

アントニオ猪木、没後1年。

猪木が伝えたかったメッセージを「さがす」ためのドキュメンタリーフィルムが完成した。

生前の猪木の雄姿を捉えた貴重なアーカイブ映像やスチールの数々、猪木から多大な影響を受けたプロレスラーや各界の著名人たちが、猪木の偉大な足跡を辿る旅に出る。主題歌とナレーションを担当するのは、プロレスファンであり、猪木をリスペクトするアーティストの福山雅治。猪木の入場テーマ曲『炎のファイター』を新たにプロデュースし、映画に令和の"闘魂"を注入した。

この映画にも登場する、新日本プロレスの棚橋弘至とオカダ・カズチカのふたりに、あらためて"アントニオ猪木"について語ってもらった。

配給：ギャガ

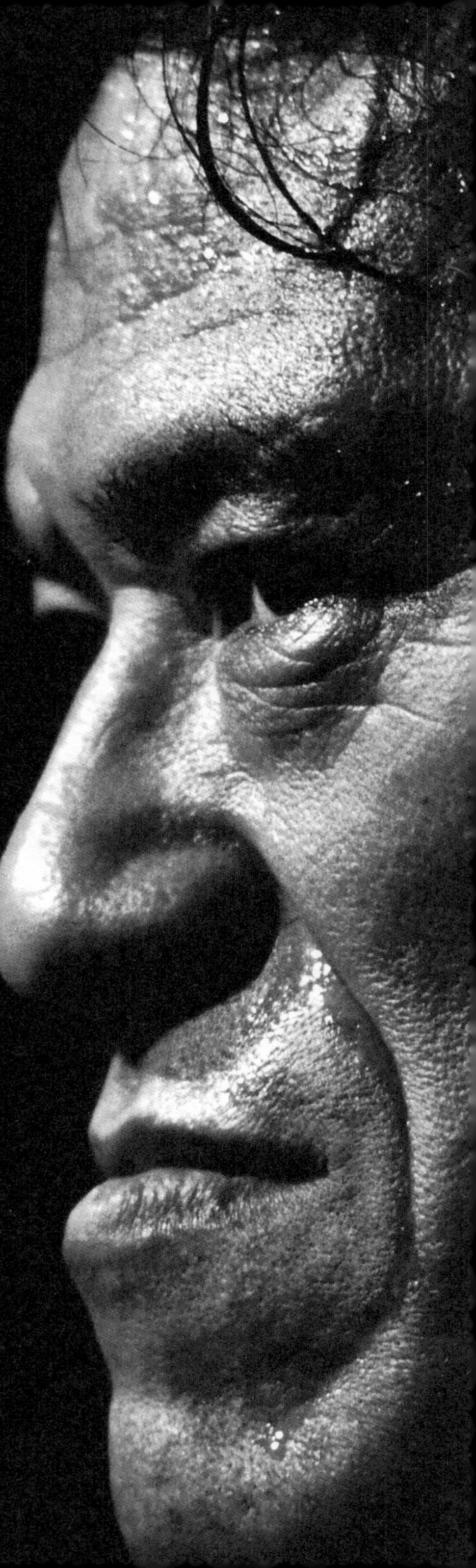

“猪木なき新日本”で体感した
ストロングスタイルとは？
猪木のやってきたことは探るが、
追いかけたりはしない。
なぜなら、この男は
“レインメーカー”なのだから。

収録日：2023年9月4日
撮影：タイコウクニヨシ
写真：©IGF
聞き手：井上崇宏

KAMINOGE TALKING ABOUT INOKI

オカダ・カズチカ

レインメーカー（新日本プロレス）

「猪木さんが言っていたことをやりさえすればすぐに世間に届く、
どんなジャンルでもスターになれるんじゃないかなとは思う。
ただ、いまの時代でそれをやるのは凄く難しいことだし、
あまりにも猪木さんを追い続けるのもよくないと思うんです」

「猪木さんに『教えてやれ』って言われて、長州さんとか前田さんがちゃんと説明してくれるんですよ」

――オカダさんが新日本プロレスに入門したのは2007年ですから、すでに「アントニオ猪木なき新日本」だったわけですよね。

オカダ そうですね。

――猪木さんが現役を引退してからも約10年という頃で、オカダさんが猪木さんとお会いしたことがあるのは3回くらいだとか。

オカダ 3回です。2017年のテレビ朝日『プロレス総選挙』、そのあとの食事会、2020年の『Number』での対談ですね。

――食事会って、表参道のブラジル料理店でおこなわれたやつですか?

オカダ そうです、そうです。表参道の。

――あの日、いろんな団体のトップレスラーたちが表参道に向かっているらしい、何があるんだ?と話題になっていました(笑)。レジェンドだと長州力さんや前田日明さんも出席していたりして。

オカダ そうですね。坂口(征二)さんもいましたし、新日本以外の団体の人もみなさんいましたね。

――あの食事会って、どういう名目で開かれたんですか?

オカダ 猪木さんが『プロレス総選挙』の収録のときにいろんな人たちと会って、「こういうメンツで集まって飯でも食おうよ」みたいな感じで開いてくださったと聞きましたね。

――猪木さんが音頭を取ったんですね。

オカダ だと思います。

――ちょっと現場の様子が想像つかないんですけど、どんな会話をされたんですか?

オカダ 猪木さんがいちばん奥に座っていらして、そのあたりが長州さん、前田さん、坂口さんたちのレジェンドシートみたいになっていたんですね。それから新日本だけじゃない現役のレスラーたちとで席が分かれていて、たまに猪木さんがテーブルをまわってきてくれるっていう感じでしたね。そこで猪木さんの武勇伝みたいな話を聞くんですけど、「知ってるか?」と言われても、僕が生まれる前の話ばかりで。というか、そのときの話の内容もあまり憶えていなくて、なぜならそこで長州さんが説明してくれるんですよ。

――また滑舌の問題が浮上してきますね(笑)。

オカダ (猪木の声マネで)「おい、長州。説明してやれ」みたいに言われて、それで長州さんが「わかりました」みたいな感じで説明してくれるんですけど、そんな大先輩たちのお話なので「はい、はい……」って感じで内容がなかなか入っ

てこないんですよ。
——恐縮しちゃって。

オカダ　それでグルグルと席をまわってから、また猪木さんがこっちのテーブルに来て、ボクの横に座っていただいたときも「このときの話は知ってるか?」って聞かれて、「いや、すみません、ちょっとわからないです」って答えたら、「おい、前田」って今度は前田さんから説明してもらって、「あっ、はい、はい……」って言うんですけど、やっぱり話が入ってこないんですよ(笑)。

——料理の味もよくわからなくなる感じですよね(笑)。

オカダ　でも猪木さんとみなさんのそこの関係性というか、普通だったら猪木さんが「じつはこうだったんだよ」と言っても「はい。わかりました」で終わるところをちゃんと長州さんとか前田さんが説明してくれるんですよね。それは猪木さんに「教えてやれ」って言われたからなんでしょうけど、そこでの関係性を知れたというか、それはそれで凄くいい経験ができたなと思いましたね。

——「このレベルのレジェンドたちが猪木さんの指示には完全に従うんだ」とか。「すなわち猪木の凄さとは」みたいなことを知るわけですよね。

オカダ　普通だったら「いやいや、先輩。もうそれはいいじゃないですか」って言えるじゃないですか。猪木さんの前だとそれがないんだなって、そこにも驚いたというか、それくらい猪木さんって特別な人なんだなって感じましたね。

「新日本に入って、道場のパネルに向かって挨拶するときに『あっ、アントニオ猪木さんだな』っていう感じ」

——ちょっと裏側を垣間見たというか、「この人たちは実際に直で会うとこういう感じなんだな」っていう。

オカダ　やっぱり猪木さんは新日本プロレスを旗揚げした人で、猪木さんがいたからこそプロレスでデビューできた人たちだから、そこは僕たちと猪木さんとの距離感とはやっぱり違いますよね。感謝っていうのもあるでしょうし。

——前提を作ってくれた人ですよね。

オカダ　そうですね。だからリスペクト感が全然違うなって思いました。

——今回の映画のなかでのオカダさんのコメントで凄くリアルだなと思ったのは、新日本に入門したときに初めてアントニオ猪木という存在を意識したと。

オカダ　ああ、そうですね。創設者ということで。

——もともとオカダさんはプロレスゲームがきっかけでプロレスにハマって、新日本も観ていたけど、すぐに格闘技路線に向かっていったからつまらなくなって観るのをやめたと(笑)。

オカダ　そうです。それで闘龍門に入りました。

――アントニオ猪木を完全に知らない世代。

オカダ　そうですね。猪木さんはすでに引退もされていましたし、札幌での猪木問答（２００２年2月1日）とかはなんとなく憶えていますっていうくらいで。だから新日本に入って道場に飾ってあった猪木さんのパネルに向かって挨拶するときに「あっ、アントニオ猪木さんだな」っていう感じでしたね。

――オカダさんたちの世代からすると、「元気ですかー！」とか「1、2、3、ダーッ！」をやるおじさんという感じだったんですか？

オカダ　いや、「1、2、3、ダーッ！」もあまり知らなかったんじゃないですかね？　あの時代に新日本の会場に観に行っていたとしても、僕が一緒に「ダーッ！」をやっていたかと言われたら、たぶん「何をやっているんだろう？」くらいの感じだったと思いますね。

――強引に共通点を探すとしたら、猪木さんは14歳でブラジルに行かれて、オカダさんも15歳という若さでメキシコへと渡り。その海外生活を経験している若者が持つ独特の感性というか、視野の広さみたいなものがあると思うんですけど。

オカダ　僕も猪木さんがブラジルに行っていたのは知っていましたけど、今回の映画であらためて、海外へ行った理由は別ですけど「あっ、一緒なんだな」っていうのを感じましたね。猪木さんが向こうで生活していた場所とかを見て「僕も少年の頃、メキシコのあのへんに住んでて……」みたいなことを考えながら観ちゃいましたね。僕のメキシコ修行時代も過酷で、なぜか知らないですけど「レインメーカーとしてエリートでポンポンとチャンピオンになれたヤツ」と捉えられがちですけど、まったくそんなことはないですし（笑）。

――メキシコの闘龍門での修行時代の練習している映像がネットにあがっていたりしますけど、観るとオカダさんは基礎体力もついていない感じで。

オカダ　そうですね（笑）。身体もガリガリでしたし。

――まったく練習についていけていないコという印象なんですけど、実際にそうだったんですか？

オカダ　本当にそうでしたね。練習中、僕がついていけないからまわりに迷惑をかけていましたね。連帯責任でまわりもずっとスクワットを続けてやらなきゃいけなかったこともありました。

――まったくエリートでもなんでもなく、そこから新日本に入門しても練習生からスタートですよね。

オカダ　新日本はそうです。

――そこに何か思うところはありましたか？

オカダ　全然なかったですね。あくまで新日本プロレスとし

て、また新たにゼロから学べたらいいかなと思ったので。どれだけキャリアがあったとしても「あれでは認めてもらえないよな」っていうぐらいの感じでしたね。

――客観視していたんですね。

オカダ　はい。でも、僕はあのときのメキシコ生活のおかげでいまがあるし、みんなが経験できていないことを経験できたことで引き出しもあるので、それは凄くよかったなと思います。だからこそ、新日本に入ったあとゼロから始められたこともよかったなと思いますね。新日本の受け身、ロープワーク、ロックアップの組み方とかをイチから教わったおかげで、まったくの別物としてまた吸収できたというか。そこから僕が何を選択するかは自由でしたし、さらにいろんな引き出しが増えた感じですよね。

――同じプロレスでも、団体によって基礎がまったく違う感じですか？

オカダ　ウルティモ（・ドラゴン）さんもかつては新日本の道場で学んでいたので根本的な部分は一緒なんですけど、そのあとウルティモさんがメキシコやアメリカで経験してきたことがあって闘龍門スタイルになっていると思うのでやっぱり違いますし、練習がメキシコだったので全然違うんですよね。ロックアップも左右が逆だったりとか、受け身も逆だったりするので。ボクはそのどっちの経験もできたことがよかったと思います。

「キレた先、怒った先にストロングスタイルというものが出てくるというか、怒りっていうのは大事なことだなと」

――闘龍門にあこがれてプロレスラーになったオカダさんから見て、当時の新日本はどんな団体という認識だったんですか？

オカダ　〝メジャー〟ですよね。僕がメキシコに行って、そのあと田口（隆祐）さんが修行で来られて、すぐに棚橋（弘至）さん、中邑（真輔）さんと来られたときに「うわ、一緒に練習してるんだ」ってなりましたから。

――メジャーの佇まいみたいなものを感じた。

オカダ　そうですね。みんな背も高くて身体もデカくて、やっぱり凄いんですよ。それまでボクは「新日本プロレス、たいしたことないでしょ」っていう感じで思っていたんですよ。

――「まあ、同じでしょ」みたいな。

オカダ　「身体はデカいかもしれないけど、技術じゃ負けてないでしょ」と思っていたんですけど、その3人を見た瞬間に「やっぱり凄いんだな……」って思いました。

――それは試合を観てですか？

オカダ　いや、練習ですね。練習だと細かいところを見ることができるじゃないですか。みんな運動神経がいいし、器用だし、凄いなって思いましたね。

——新日本のプロレスラーは選ばれし者だった。

オカダ　そうですね。「やっぱり新日本って凄いんだな」っていうのはそこで感じました。中邑さんは世代のわりにけっこう猪木さんとの関係性が濃かったですよね。棚橋さんも道場の猪木さんのパネルを外したような方ですし。

——アントニオ猪木に反発したふたりですね。

オカダ　それでも僕はその頃も猪木さんのことを考えたことはなかったです。「新日本プロレス」という団体のことしか意識していなかったというか。だから新日本に来るまでは猪木さんのことも全然知らないくらいだったと思います。試合を観たこともないですし、僕はどっちかというと「動ける馬場さんになれ」ってウルティモさんから言われていたので（笑）。

——身体のサイズを利した、ジャイアント馬場のようなプロレスをやれと。

オカダ　だから昔は馬場さんの得意技だったネックブリーカーとか河津掛けを使っていました。なので、猪木さんとは真逆のことをやっていたのかもしれないですね（笑）。

——オカダ・カズチカのドロップキックは、じつは32文ロケット砲だった（笑）。

オカダ　いや、そこは意識していなかったですね（笑）。まあでも、ネックブリーカーや河津掛けを新日本でやっていました。自分でも「新日本でやったらおもしろい」と思っていたんでしょうね。

——新日本でプロレスラーとして活躍していくうちに、試合というか現場で新日本独自のものを感じることってありましたか？

オカダ　いわゆる事件的なことは僕が入ってからはないですかね。猪木さんももう離れられていたので、何かが起きるっていうこともなく、そういうことを嫌っている人たちが社内に多かったですし、それはかつて猪木さんに振り回されてきたので。でも試合に対する姿勢とかは、第三世代の人たちを見ていて独自のものを感じましたね。僕は棚橋さんや中邑さんというよりも第三世代の人たちと闘う機会が多かったので、「あっ、ストロングスタイルってこういうものなんだな」っていうのは永田（裕志）さんや金本（浩二）さんと闘っていて感じました。

——具体的にどういう部分ですか？

オカダ　〝キレる瞬間〟があるというか。僕の場合はヤングライオンだった頃は金本さんとしょっちゅう闘っていて、喧嘩ではないですけど、お互いにキレるような瞬間があるんですよ。

そういう部分で僕は永田さん、金本さんのふたりから影響を受けていました。あのふたりだったら、こっちが何をしてもちゃんと怒って返してくれるんですよね。

――呼応してくれるんですね。

オカダ　やっぱりキレた先、怒った先にストロングスタイルというものが出てくるというか、だから怒りっていうのは大事なことだなと思っていました。だから新日本は「ちゃんと怒ってもらえるリング」っていうのは感じていたかもしれないです。僕がちょっと馬鹿にした蹴り方をしても、ちゃんと怒ってくれる。ビンタをしても「てめえ、この野郎！」って返してきてくれるのはそのふたりだった気がしますね。

――「あっ、キレたな」ということを感じながら試合をやっていたってことですね。

オカダ　やっぱりヤングライオンってがんばるだけじゃないですか。ただ、そこで普通にがんばるのではなく、先輩を怒らせて、それでボロボロにされようががんばってやり返していくっていうほうがお客さんの心に残るかなと僕自身もいろいろ考えてやっていたので。おかげでたくさんボコボコにされてましたけど（笑）。ただ、それはそれでいい経験になったとは思いますね。

「『なんで猪木さんの名前を出したの？』って言われましたけど、『ただ会いたいから』とは言えなかった（笑）」

――ちょっと話が飛びますけど、2020年2月2日、試合後にリング上でアントニオ猪木の名前を出したときっていうのは、オカダさんのなかでどういう心境だったんですか？

オカダ　自分が新日本にいるかぎり、猪木さんには会えないと思っていたんですよ。組織のなかで猪木さんの「い」の字も出てこないというか、触れることもない。だから会えることもないだろうなと思っていたんですけど、あの年の1月6日の（獣神サンダー・）ライガーさんの引退セレモニーのときに猪木さんがビデオメッセージを贈っていて、「あっ、触れていいんだ？」って思っちゃったんですね。

――ルールが変わっているなと（笑）。

オカダ　そうですね。「あっ、ここはオッケーなんだね。なるほどね」と思って、「じゃあ、すみません、自分も勝手に名前を出します」みたいな（笑）。「名前さえ出せば何かが起きるでしょ」と。それこそマスコミの人たちが猪木さんのところに行ったときに「オカダがこんなことを言っていましたよ」みたいな感じで伝われば、そこから何かしら生まれるかなと思っていました。なので、バックステージで出しても意

味がない、やっぱり注目してもらえるところで出したいなと思っていたところで、それがたまたま札幌だったんですけど、シングルマッチで勝ったあとに言わせていただきました。みんな最初は意味がわからなかったと思いますけど。

——そうですね。「気になる人がいます」と前置きして会場が盛り上がったところで「アントニオ猪木ー！」と叫んで、一瞬あっけにとられた感じで。

オカダ　僕がまさか昔のレスラーの名前を出すとは思わないじゃないですか。

——思わないですよ。ましてやアントニオ猪木。

オカダ　「ここはベルトに挑戦するために何か言うんだろうな」っていう空気でしたけど、僕自身は「ここだ！」って。そのとき僕はチャンピオンでもなかったし、シングルマッチだったし、出せるタイミングもなかなかないなかで自然と「ここだよな」と思って。なので猪木さんがライガーさんにメッセージを贈ってから1カ月くらいですぐに行動に移しました（笑）。

——諸説ありますけど、あれはオカダさんの完全なスタンドプレーですか？

オカダ　僕は誰にも言っていなかったです。

——じゃあ、あとで怒られたりしませんでした？

オカダ　怒られました（笑）。怒られたというか、「なんで猪

木さんの名前を出したの？」みたいな。やっぱり猪木さんに対してアレルギーがある人もいたわけですから。だから「なんで出したの？」「いや、ちょっと……はい」みたいな。そこで「ただ会いたいから」とは言えないじゃないですか（笑）。

――「じゃあ、連絡先を調べなよ」ってなりますね（笑）。

オカダ　だから「いやー、なんか気になっちゃって。盛り上がるかなと思ったんですけど」みたいな。実際にそれが雑誌の対談へとつながっていったので、あそこで言っておいてよかったなと思います。

――ボクが伝え聞いたところでは、あのオカダさんのマイクのことを知った猪木さんが、ちょっとうれしそうにしていたと。

オカダ　あっ、本当ですか？

――そう聞きました。やっぱり新日本で自分の名前を出してきたレスラーがいるっていうところで。

オカダ　ああ、それはうれしいですね。

――猪木さんとお会いしてみてどうでしたか？

オカダ　おもしろかったですね。「猪木さんは猪木さんだな」っていう。そこまでガチガチに緊張するっていうよりは、申し訳ないですけど、なんかおじいさんと接しているような感覚でしたね。別格の人ですし、当然リスペクトはあるんですけど、やっぱり自分よりもキャリアが上すぎるので。だから話しているうちに僕の緊張もどんどんほぐれて、聞きたいことを全部聞けたわけではないですけど、いろんな話ができたのでよかったなと思いますね。猪木さんの時代は恵まれていたと思っていましたが、実際にはいろいろなものと闘っていたんだなとも感じました。

――プロレスに対する偏見の目だったりとか。

オカダ　いまの時代と違って、猪木さんはもっともっと世間と闘っていたりしていたんですよね。そこで「えっ、そうなんですか!?」ってビックリしました。あのときがお会いする最後になってしまいましたけど、話せてよかったなと思います。

「けっこう馬鹿になっているつもりなんですけど、おそらく裸になっていないんでしょうね。恥もかいていないし（笑）」

――「昔のプロレスはよかった」と過去と比較されることが多いと思うんですけど、そこについてはオカダさんの耳にもけっこう入ってくるものですか？

オカダ　入ってきますね。まあでも、それはしょうがないと思うんですよ。だって僕が子どものときに夢中になってやっていたゲームを超えられるゲームが、大人になってもいまだにないですもんね。

——たしかに（笑）。

オカダ　漫画とかもそうで、昔読んでいた漫画をいまの漫画が超えられているかと言ったら、やっぱり自分がいちばんおもしろいと思っているものを超えられないじゃないですか？　それと一緒だと思うんですよね。自分の青春時代を過ごしてきたものって超えられない。だからここからまた10年、20年経って、僕たちが引退した頃には「オカダの頃のプロレスはおもしろかったね」ってなると思いますし。

——間違いなくそうなりますよね。繰り返します。

オカダ　そうですよね。

——さっき、オカダさんが「猪木さんはもっと世間と闘っていた」とおっしゃっていましたけど、では現代においてプロレスは何と闘っているのか、オカダさんは何と闘っているんですか？

オカダ　僕はやっぱりプロレスをもっと知ってほしい、知らない人たちに知ってもらう闘いをしていますかね。やっぱり「いや、痛そうだから無理」とかっていう人も多いじゃないですか。

——そうですね。「怖い」とか。

オカダ　「血が出るんでしょ？」とか。もちろん痛いし、血が出ることもありますけど、それでもおもしろいことをやっているんだ、闘っているんだっていうことを知ってもらいたいです。やっぱりプロレスがもっと世間に響いてほしくて、届いてほしくて闘っているっていうのはありますね。

——その闘いって、具体的にどういう作業になるんですか？

オカダ　日々、「いつかこの闘いが世間にも届く」と思って闘っています。

——それを信じて、愚直にやっていく。

オカダ　でも猪木さんが言っていることをやれば、たぶん世間にはすぐに届くんですよね。それができないだけなんで。

——えっ、どういう意味ですか？

オカダ　「とことん馬鹿になれ」って、とことん馬鹿になっていたらもう実現できているんです。でも、いまの人たちって「わかりました。じゃあ、馬鹿になります」ってなれないんですよ（笑）。

——オカダさん、正直者ですね（笑）。

オカダ　なので「猪木さんが言っていることをできていれば」って。最近、思うんですけど、これまで猪木さんはいろんなことを言ってきたじゃないですか。それをやってさえいたらプロレスを世間に届かせることができているんですよ。でも、みんなはそれができないんですよね。猪木さんはそのヒントを僕ら下の世代にくれていたはずなんですけど、それを僕らができていないだけ。じゃあ、そこをやっていかなきゃいけないかなって。今回の映画を観て「馬鹿になれ」と

いうメッセージが自分のなかにボーンと来たんですよ。「あっ、これがいま足りていないことなんだな」と響いたというか。だから猪木さんのことをもっともっと知って、猪木さんがインタビューとかで言っていたことをやれば、もっともっと世間に響いていくんじゃないかなって。もちろん時代が変わって、すべてのメッセージが現代にも活きるというわけではないと思うんですけど。いまの時代で猪木さんの言う通りのことをするのは、すっごく難しいと思うんですよね（笑）。

――オカダさん、凄い。いま、めちゃくちゃストレートな意見を頂戴しました（笑）。

オカダ　でも本当にそうなんです。誰もやっていないだけなんです。それをこの映画で思ったことですね。〝アントニオ猪木のなり方〟っていうのがあるんですよ。

――組み立て説明書みたいなものが。

オカダ　〝ロード・トゥ・猪木〟というものがあるわけですよ。そこには「馬鹿になれ」とか「出るまえに負けることを考える馬鹿がいるかよ」とか「元気があればなんでもできる」とか。それをいま誰もやっていないだけですし、だからそれができればプロレスにかぎらずどんなジャンルでもスターになれるんじゃないかな、多くの人たちに届くもの、伝わるものができるんじゃないかなと思いますね。そのことをこの映画を通して感じました。

――じゃあ、オカダさん。とことん馬鹿になりましょう！（笑）。

オカダ　けっこう馬鹿になっているつもりなんですけど、おそらく裸になっていないんでしょうね。恥もかいていないし（笑）。ただ、あまりにも猪木さんを追い続けるのもよくないですよね。ボクは〝レインメーカー〟なので。猪木さんのやってきたことを探すだけ探して、そのうえで最高のレインメーカーになります。

オカダ・カズチカ
1987年11月8日生まれ、愛知県安城市出身。新日本プロレス所属プロレスラー。
15歳でメキシコに渡りウルティモ・ドラゴンの主宰するプロレススクール「闘龍門」に入門。2004年8月29日、アレナコリセオでのネグロ・ナバーロ戦でデビュー。2007年8月に新日本プロレスへ移籍して新弟子としてトレーニングを積み直す。同年8月26日に内藤哲也戦でプレ再デビュー、2008年4月12日に石狩太一（現・タイチ）戦で正式に再デビューを果たした。恵まれた体格と高い身体能力を駆使し2012年2月に棚橋弘至を破ってIWGPヘビー級王座を戴冠して以降、破竹の活躍を続け、新日本プロレスのトップレスラーへと躍り出る。4度のG1 CLIMAX制覇をはじめとする数々のタイトル獲得で、いまや日本のプロレス界を代表する顔となっている。得意技はレインメーカー、ドロップキックなど。

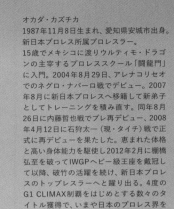

2000年代に起こした、たったひとりの闘争。
反・猪木の急先鋒となり新日本を救った男は、
いま猪木に何を想う——。

収録日：2023年9月4日
撮影：タイコウクニヨシ
写真：山内猛
聞き手：井上崇宏

KAMINOGE TALKING ABOUT INOKI

棚橋弘至

（新日本プロレス）

100年に一人の逸材

「猪木さんから『おまえは何に怒ってる?』って聞かれたとき、
もしも僕に勇気があったら
『あんたに怒ってますよ!』って言ったかもしれない。
でもそれを言ったら俺は消される、
新日本にいられなくなるなと思ったんです」

「道場の猪木さんのパネルを外して成功していなかったらバッドチョイス、だけどなんとか持ち直したから正解だった」

――お疲れ様でございます！

棚橋　お疲れ様でございます。えっ？

――いや、先輩レスラーには「お疲れ様です！」と言うのが通常だけど、猪木さんと坂口さんにだけは「お疲れ様でございます！」と言うと、棚橋さんが映画のなかで言っていたので（笑）。

棚橋　あっ、猪木さん仕様で挨拶してくれたんですね（笑）。

――そうですよ。今日は映画のプロモーションとなるようなインタビューをするという使命感を持ちつつ、さっそく暴言を吐いてもいいですか？

棚橋　ああ、いいですね。暴言を吐きましょう。

――あれ、棚橋さんの映画ですよね（笑）。

棚橋　いや、僕もう観ましたけど、パート的にはオカダ（・カズチカ）と一緒くらいだと思ってましたが、棚橋パートのほうが多かったですか？

――全然、一緒くらいじゃないですよ。

棚橋　たしかに、僕はひとりパートだけじゃなくて有田（哲平）さんとの対談もあったりしますからね。『棚橋弘至をさがして』だ（笑）。じゃあ、公開になったら「おい、棚橋。出過ぎだろ」ってなるかもしれないですね。あー、それは考えてなかったなあ。

――映画自体の感想はいかがですか？

棚橋　オカダと棚橋のパートは量的には全然変わらない感じがしたんですけどね。

――そこばっかり（笑）。

※ここで取材場所に現れたオカダが、笑いながら通りすぎようとする。

――オカダさんも笑ってますよ（笑）。

棚橋　俺、そんなには出てないよね？

オカダ　いや、出てますよ（笑）。

棚橋　やっぱ出てるな（笑）。マジで『棚橋弘至をさがして』になっちゃうかもしれない。

オカダ　いや、棚橋さんは道場かエニタイム（フィットネス）に行ったら、すぐに見つけられますよ（笑）。

棚橋　まあ、絶対どっちかにいるね（笑）。

オカダ　お疲れ様でした（笑）。

――そんなこんなで、猪木さんが亡くなられてから1年が経とうとしているんですよね。棚橋さんもこれまでアントニオ猪木について散々語り尽くしてきたと思うんですけど。

棚橋　いや、僕は猪木さんに関してはあまり語っていないで

すよ。

——そうですか？　でもふたりのヒストリーみたいなものは、ボクらは全部共有している気になっていますよ。

棚橋　反・猪木を掲げた急先鋒みたいな立ち位置からね。

——棚橋さんは勇気ある若者でしたよ。

棚橋　あのときはそれをやるしかなくて。でもまあ、やって成功していなかったらあれはバッドチョイスだし、道場の猪木さんのパネルを外してなんとか持ち直したから正解だったっていうだけでね。

——だから登場時間じゃないんですよ。そのエピソードも含めて棚橋映画なんですよ。

棚橋　外してまた戻すという、パネル物語ですよね。『アントニオ猪木パネルをさがして』みたいな（笑）。

「『猪木さんがいちばんアメリカンプロレスしてるよ』って、それを武藤さんが言っちゃいけないと思いますね」

——そうとも言えますね（笑）。じゃあ、まだ語り尽くしてはいないということで今日はアントニオ猪木をテーマにお願いします。

棚橋　はい。お願いします。

——アントニオ猪木という存在を初めて認識したのはいつですか？

棚橋　小さい頃におばあちゃんと一緒にプロレスを観ていて、おぼろげに憶えているのが猪木vs国際軍団の1vs3変則マッチですね。「なんでこの人は1vs3で闘っているんだろう？」っていう。そこから1回プロレスからは離れていて、また意識して観るようになったのは高校生のときなので1993、1994年くらいの闘魂三銃士の全盛ですよね。だから僕は猪木さんの試合を生で観たのは大学2年で『突然卍固め』。

——あっ、年末の大阪城ホールですか？

棚橋　はい。大阪城。（1995年の）12月30日。

——メインが猪木&髙田延彦vs藤原喜明&山崎一夫ですね。

棚橋　ああ、そんな感じでしたね。それで年が明けて（1996年）1・4東京ドームに猪木vsベイダーを観に行って。それと引退試合も観に行ってますね。

——棚橋さんは引退試合のときは……。

棚橋　1998年4月4日ですから僕は大学4年ですね。

——普通にファンとしてチケットを買って、関西から観に来たと。

棚橋　花道近くの3万円の席を買いましたよ。いつもは上のほうの5000円の席なんですけど、あのときだけは花道で観ました。

――ボクはもう社会人でしたけど1万円の席でした（笑）。

棚橋　学生が3万円を払っているのに（笑）。でも、あれは観に行かなきゃいけないっていうのがあったんでね。7万人を動員して、次の日の新聞の見出しが「長渕敗れたり」って。

――先に取材させていただいたオカダさんは、アントニオ猪木を知らずにプロレスを好きになった人ですけど、棚橋さんもアントニオ猪木を目指してプロレスラーになったわけではないですよね。

棚橋　はい。僕は武藤敬司さんや小橋建太さんですね。

――新日本に入った当初から武藤敬司のようなレスラーになりたかった。

棚橋　武藤さんみたいな華のある選手になりたかったです。

――その武藤さんは「いやいや、俺らとアントニオ猪木がやっているプロレスは一緒だ」ってよくおっしゃるじゃないですか。

棚橋　言いますね。

――猪木さんも完全にアメリカンプロレスなんだと。棚橋さんから見て、そこはどうなんですか？

棚橋　それは、じつはそうなんですけど、武藤さんがそれを言っちゃいけないと思いますね。

――と言いますと？

棚橋　「猪木さんがいちばんアメリカンプロレスしてるよ」って武藤さんは言っていて、たしかに猪木さんもアメリカで修行したものを日本風にアレンジしたことで、アメリカのショーアップされた試合とは違うストロングスタイルというものを売りにして新日本プロレスはやってきたので、そこは武藤さんに仕掛けられたアントニオ猪木という。「あんたがそういうことを言うんだったら、俺も言っちゃうぜ」っていう凄く大人気ない足の引っ張り合いですね（笑）。

――なるほど（笑）。武藤さんたちの世代のプロレスにあこがれて新日本のプロレスラーになることを志し、入門してからアントニオ猪木を感じることはありましたか？

棚橋　僕が入った1999年は、猪木さんはもうほとんど道場には来られてなくて、まだロッカーだけはあったんですけど、「俺はもう道場にはいたくねえんだよ」っていう感じで。

――それは猪木さんが言っていたんですか？

棚橋　言っていたみたいですね。道場にはもう行きたくないらしいと。だから猪木さんに初めてお会いしたのは、どこかの試合会場での控室です。どこかも憶えていないくらい。ただ、挨拶はしました。「お疲れ様でございます！　棚橋弘至です！　よろしくお願いします！」って言って。

「『俺、スターになりかったのに、このままじゃスターになれねえじゃん』っていうところがスタートでしたね」

――猪木さんは「おう！」みたいな？

棚橋　そうしたら機嫌がよかったんですかね。「お疲れ様でございます！」に対して笑いながら「疲れてねえよ」って言われたのが凄く印象的で、記憶に残っていたんでしょうね。それから10年後にオカダが「お疲れ様です。あなたの時代は終わりです」って言ったときに僕は反射的に「悪いな、オカダ。俺は疲れたことがないんだ」って。

――「生まれてから疲れたことがない」の誕生秘話ですね。

棚橋　じつは誕生秘話がここにあったんですよ。「お疲れ様でございます」という挨拶に対して「疲れてねえよ」って返したのは猪木さんが初だったという。

――そんなことを言う大人はいないですもんね（笑）。

棚橋　「お疲れ様でございます」は受け取ると思ったんですけど、受け取らなかったんですよ（笑）。だから僕の「生まれてから一度も疲れたことがない」という言葉はそのオマージュですよ。

――いやいや、これまで棚橋さんがおっしゃっていたのは、接待とかで夜のお店に行くことが多かった頃に誕生したっていう話だったじゃないですか。

棚橋　それは僕もそうだと思っていたんですよ。猪木さんとの初対面から数年後にそんな時期があったので、その記憶が新しかったんですけど、最近猪木さんとの記憶を辿っていったときに「そうだ、ここで言われてるわ」と思って。キャバクラよりもまえに猪木さんに「疲れてねえよ」って返されたという事件があったんですよ。で、そっちのほうがカッコいいじゃないですか。だからいま歴史をちょっと修正しようと（笑）。

――そっちの理由のほうがカッコいいからと（笑）。

棚橋　そうそう（笑）。猪木さんオマージュのほうがカッコいいじゃないですか。キャバ嬢オマージュよりも。

――要するにカッコいい人だと思われたくて、「お疲れ様です」とおしぼりを渡されるたびに「いやいや、疲れてませんよ」と答えていたんですよね（笑）。

棚橋　こうして歴史っていうのは改ざんしていくものなんでね。

――棚橋さん、全部言っちゃうんですね（笑）。

棚橋　この改ざんの様子までもお伝えしますよ（笑）。

――刻一刻と歴史を改ざんしていく様子を。ボクはその片棒を担がなきゃいけないわけですね（笑）。

棚橋　担いでいただいてね。いろいろ伏せ字にしていただきつつ。

――デビュー当時の新日本はどんな状況でしたか？

棚橋　入門してから2001年くらいまではどこの会場も超満員でしたね。2000年に橋本（真也）さんが新日本を出られて、2002年に武藤さんも出られて、橋本さんと武藤さんが立て続けに退団されたあたりから看板選手を失って、2003年から2009年くらいまでは人気が下がり続けましたね。その下がっていく様がえげつなくて、リアルタイムでイス席がどんどん減っていく、だけど会場の規模は変わらないっていう感じでしたね。

——天下の新日本プロレスですもんね。

棚橋　当時はまだ動画配信とかもなくて、動員が収益の大半を占めているという時代だったので、テレビ放映権もあったんですけど、「これはヤバいな……」っていうのは若手ながらにも感じていましたね。

——あこがれて入った新日本が、いざ自分が入ってみたらこんなことになってしまったと焦りますよね。

棚橋　そうですね。僕はもう入った時点でオートマチックにスターになれると思っていたので。「入門は大変だけど、そこに入ってがんばっていたら、どうやってもスターになるでしょ」って。そういうふうに見えるじゃないですか。

——狭き門さえくぐり抜けちゃえば、厳しい練習に耐えてデビューさえしてしまえば。

棚橋　ところてん方式で上が抜けて行ったらどんどん次みたいな。そうしてオートマチックにスターになれるでしょ、と思っていたんですけど、動員が減って盛り上がらない会場で試合をしていたら、「待てよ？　俺はこのままではスターになれない」と思って。スターというのは会場の雰囲気や記憶が作っていくものなので、まずは会場を満員にして、盛り上がった会場じゃなければスターは生まれないと思って。僕はどうしてもスターになりたかったから、まずはスターが生まれる土壌を作ろうという下準備にかかったんですよね。

——そこは新日本のことを思うというよりも、個ですよね。自分がスターになるために器である新日本を盛り上げなきゃいけないという発想ですね。

棚橋　そうですね。「俺、スターになりかかったのに、このままじゃスターになれねえじゃん」っていうところがスタートですね。

——スポットライトがまぶしくないぞと（笑）。

棚橋　そうそう。なんだったら全部が地明かりだぞと（笑）。

「『いまもおもしろいヤツがいるから観に行ってくれよ』って一言言ってくれたらいいのになってずっと思っていました」

——とんでもない若者ですね（笑）。

棚橋　いやまあ、それだけ強欲だったのかわからないですけど。でも棚橋がいてよかったと思いますよ。自分で言うのもあれですけど。

――すみません、それは最後のほうでお願いします（笑）。

棚橋　あっ、すみません。褒められたくて、つい先走っちゃった（笑）。

――アハハハハ！　そのスポットライトをもっと明るくしようという状況のなかで「なんか猪木さんの様子がおかしいよな」っていうのが当時の新日本でしたよね。

棚橋　そうですね。完全に新日本を離れたわけじゃないんだけど、PRIDEの名誉プロデューサーみたいな立ち位置で新日本とPRIDEを行ったり来たりしていて、新日本に上がられていたのは2006年までですよね。その年の7月の札幌が猪木さんが新日本での最後の「ダーッ！」だったんです。その猪木さんが最後に「ダーッ！」をやった日にボクはIWGPヘビー級チャンピオンになったんですよ。だから「ダーッ！」が最後だった日に「愛してま〜す！」が生まれたという歴史の分岐点となった日で。

――どうやら新日本の歴史は札幌で何かが生まれがちというか。

棚橋　本当ですね（笑）。何かが起こるときは札幌っていうのはずっとありましたからね。

――テロリスト・藤原喜明の誕生しかり。

棚橋　猪木問答もね。

――あの猪木問答のときの「おまえは怒ってるか」という問いに対して「俺は新日本のリングでプロレスをやります！」っていう棚橋さんの答えになっていない答え。でも、あのときの猪木さんへの宣言をいまもずっと果たし続けているわけですよね。

棚橋　そうですね。言葉っていうのは呪いなんでね、自分に呪いをかけてしまったのかもしれないし。あの猪木問答もおもしろくて、僕は4番目だったからよかったんですよね。

――自分に来るまえに3つのパターンを見ることができたと。

棚橋　そう。だから最初に猪木さんの質問に答えられた中西（学）さん、永田（裕志）さんっていうのは何を言っても正解がなくて、あのとき直感的に「あっ、これは質問に答えたらダメなんだな」と思ったので、猪木さんの「おまえは何に怒ってる？」に対して「俺は新日本プロレスでプロレスをやります！」っていう。だから「混ぜちゃっているあなたとは違って、俺はプロレスをやります」っていう宣言ではありましたね。あそこで「おまえは何に怒ってる？」って聞かれて、もし僕に勇気があったら「あなたに怒ってますよ！」って言ったかもしれないんですけど。

――そこは一瞬の判断ですよね。

棚橋　でも「それを言ったら俺は消されるな」って思ったんで（笑）。

――「消される」っていう言葉も最近はなかなか聞かないですよね（笑）。

棚橋　表舞台から消されるな、新日本にいられなくなるなと思ったんで、そこをグッと飲み込んで自分の意見にした感じですね。

――当時のアントニオ猪木に対する思いというのは本当のところはどんな感じだったんですか？

棚橋「助けてくれたらいいのに」と思ってました。

――プロレスを。

棚橋　はい。猪木さんっていうのは影響力もあるし、僕ら現役レスラーじゃ届かないファン層を持っているし、ましてやオーナーだったら「いまの新日本プロレスもおもしろいから、ぜひ会場で観てやってください」って一言言ってくれればいいのに、「おまえらの闘いはぬるい！」って逆じゃないですか。それは猪木さんなりの「もっとしっかりしろ！」っていう愛情だったとは思うんですけど、方法論が違ったんですかね。そうなったら猪木さんの言葉を真に受けて、ファンの人たちは観に行かなくなるんですよ。そこではリップサービスでもいいので「いまの新日本もなかなかおもしれえじゃねえか」って言ってくれたら、猪木信者の人たちも新日本を観に来てくれたかもしれないっていう。

――発する一言が団体の人気を左右するというカリスマ。

棚橋　しかもオーナーじゃないですか。あの頃の猪木さんのやり方は「ウチの商品はまずいから買わないでくれ」っていうのと同じですからね。

――オーナーがネガキャンを張っているっていう（笑）。

棚橋　そういうことなんですよ。だからやり方が逆なんじゃないかなって。「いまおもしろいヤツがいるから観に行ってくれよ」って一言言ってくれたらいいのになってずっと思っていましたね。でも、その言葉はついに発せられることはなかったと。

「1回離れていった人を呼び戻すエネルギーよりも、知らない人にプロレスを伝えるエネルギーのほうがより可能性があった」

――これはもう自力でやるしかないと。棚橋さんはレスラーという表立った立場ですから、その行動が目立ちますけど、やっぱり新日本という会社全体が猪木さんに対して辟易していた感じですか？

棚橋　いやでも、僕だけでしたよ。

――棚橋さんだけですか？

棚橋　はい。やっぱり創設者であり、猪木さんが作った新日本があるから自分たちがいるわけですから、そこまでは踏み込めなかったんでしょう。だから僕は孤軍奮闘でしたよ。まわりには誰もいなかったです。

——組織内で疲弊する空気を感じとったとか、誰かにけしかけられて棚橋さんが立ったわけではなく。

棚橋　完全にスタンドプレーです。勇気がいりますよ。やっぱこれはあれですかね、棚橋弘至を再評価する映画になるかもしれないですね（笑）。

——だから最初から言ってるじゃないですか。これは棚橋弘至の映画ですから（笑）。

棚橋　じつは棚橋映画だったということに僕も気づいてしまいましたね。

——でもプロレスって本当に難しいのが、猪木さんみたいにめちゃくちゃなほうが、おもしろいはおもしろいじゃないですか。

棚橋　おもしろいです。見るぶんには。

——見るぶんには（笑）。ただ、行き過ぎちゃったものを正常な状態に矯正していかなきゃいけない、っていうのも同じくらい大事じゃないですか。

棚橋　そこは坂口会長とかが抑止力ではあったんですよね。猪木さんを抑止するという役目で。やっぱりこれは映画のタイトルを変えたほうがいいかもですね。『アントニオ猪木をさがしたら、棚橋弘至がいました』みたいな（笑）。

——まだ変更も間に合うんじゃないですか（笑）。

棚橋　でもタイトルとしては長いな（笑）。

——新日本プロレスを変えてしまうことにはとんでもない勇気がいるわけじゃないですか。そこに対して臆する部分はなかったんですか？

棚橋　ビジネスが下がっている状況で営業の人たちもはっぱをかけるんですよね。「選手ががんばっていたら、またお客さんが戻ってくるから」って。でも僕はそれまでと同じことをやっていても絶対に戻ってこないと思っていたんですよ。同じことをやっていてもお客さんが減っていくんだったら絶対に変えないと生き残れないと思って。昔、どこかの食事会で100年続く老舗企業の秘訣3か条みたいなお話を聞く機会があって、「企業理念がしっかりしていること」「技術内容がしっかりしていること」、そして3つ目が大事で「時代の変化に柔軟に対応すること」っていう。新日本には最初のふたつはあったんだけど、3つ目がないことで時代の変化から完全に取り残されていたので僕が柔軟に対応させただけなんですよね。だからやるべきことはじつは1個だけだったんですよ。

——そこの1点に注力したと。

棚橋　それがチャラ男であり、SNS駆使であり、プロモーションであり、つまりプロレスを知らない人たちへの発信

だったんです。だから、プロレスファンもどんどん減っていたので戻ってきてほしいという思いはあったんだけど、1回離れていった人を呼び戻すエネルギーよりも、知らない人にプロレスを伝えるエネルギーのほうがより可能性があったので、そっちに行きましたね。

――棚橋さん、がんばりましたよね。

棚橋　いやあ、たまたま僕のビジュアルがよかっただけなんで。プロレス界にとっては幸運でしたよ（笑）。

――本当に気ぃ悪いですね（笑）。

棚橋　さらっと言いますからね（笑）。でも、これがグレート－O－カーンだったら、いまの状況にはなっていないですよ。

――それは極論ですよ。いやいや、オーカーンだってめっちゃいい男ですよ（笑）。

棚橋　オーカーンはいまがんばっていますからね。でも、あのときは棚橋だったからよかったという。

「本人が認めなければ永遠に疲れないんですよ。これは猪木さんの永久電池と同じ発想です。人間・永久電池というか」

――さっき、「生まれてから一度も疲れたことがない」というセリフの誕生秘話を2パターンほど聞きましたけど、心底

疲れきった男だからこそ発想できた言葉だというのがボクの説でして。

棚橋　深いですね。疲れを知らない男には疲れは語れないというね。その疲れを知っているからこそ出た言葉だと。どうなんでしょうかね、疲れていないですけどね（笑）。

——でも今日はちょっとお疲れ気味ですよね？（笑）。

棚橋　いや、疲れっていうのはね、「身体が重い」とか「やる気が出ない」っていうのがあるじゃないですか？　それを本人が認めなければ疲れではないんですよ。

——個人差がありますからね。

棚橋　だから疲れっていうのは表情には出ていますけど、本人が認めなければ永遠に疲れないんですよ。これは猪木さんの永久電池と同じ発想です。人間・永久電池というか。猪木イズムをここで発揮しますけど（笑）。

——いや、でも本当に猪木イズムだと思いますよ。「元気があればなんでもできる」と同義じゃないですか。

棚橋　猪木イズムを伝承していましたね。僕のなかに見えない永久電池が入っているんですよ。猪木さんは果たせなかったけど、僕は永久電池を作ったんです。つまり僕は猪木さんがなし得なかったことをやれた男ですね。……って、これペテン師のやり口ですよね？（笑）。

——はい。いまの語り口は凄く嫌です（笑）。あと新日本の歴史を振り返ったときに、長州力や前田日明のようにアントニオ猪木の反目にまわったほうが出世するという法則がありますけど、その系譜に棚橋弘至の名前も入っている気がするんですが。

棚橋　入っていますかね？　僕は直接対決していないですけどね。

——でも反・猪木を唱えたことは間違いないわけですから。

棚橋　そうですね。

——それは方法論として「そうしたほうが」っていうのは計算としてあったんですか？

棚橋　いや、全然ないです。「新日本が下り坂に入っている原因は猪木さんだ」と本当に思っていたので。プロレスラーとしては超一流ですけど、時代に合っていなかった。今回の映画を観ても、猪木さんって、その出自も歩んできた道も誰も追いつけないところにいるから、いちばん「NO」を言いにくい人なんですよ。だけど僕は関係性がギリギリ薄かったので言えたっていう。だから闘魂三銃士や第三世代とかは練習とかで猪木さんと直接関わっていたので、僕よりも上の世代の先輩たちは言えなかっただろうなっていうのはいまになって思いますね。

——そうして、やがて革命が成就したということですね。

棚橋　猪木さんの「寛至」と棚橋の「弘至」に、同じ

「至」っていうのがついていて。

――猪木ファンだったお父さんが命名されたんですよね。

棚橋　そう。そうして50年にひとりのスパンで「至」という字が名前に入っている人間が出てきたと。だからこれから50年後にまた「至」という名前をつけた若手が入門してくるはずなんですよ。第三の「至」がね（笑）。

――また微妙な語り口になっていますけど（笑）。では、最後に。〝アントニオ猪木〟とはなんでしたか？

棚橋　そうですねえ……。〝神〟じゃないですかね。みんな猪木さんのことを神だって言いますけど、たしかに神様っていうのは世界を創造したわけじゃないですか。猪木さんが新日本プロレスを創造して、そこに人が集まって、街ができて、国ができてっていう。そういった意味では新日本プロレスにおける神様、創造神ですね。

――そして……。

棚橋　破壊神でもあり。だけど神であることには間違いないですね。超一流のレスラーであり、神様だったと思います。

棚橋弘至（たなはし・ひろし）
1976年11月13日生まれ、岐阜県大垣市出身。新日本プロレス所属プロレスラー。
1998年2月に新日本プロレスの入門テストに合格し、翌1999年に立命館大学を卒業して新日本へ入門。同年10月10日、真壁伸也（現・刀義）戦でデビュー。2003年に初代U-30無差別級王者となり2006年7月17日、IWGPヘビー級王座新王者決定トーナメント決勝でジャイアント・バーナードを破り同王座初戴冠。試合後「愛してます」と涙ながらに絶叫した。その後も同王座には幾度となく君臨し、第56代王者時代は当時の歴代最多防衛記録であるV11を達成した。2000年代、人気が低迷していた新日本プロレスの新時代のエースとして同団体を牽引し、その後のV字回復へと導いた立役者である。得意技はハイフライフロー、テキサスクローバーホールド、スリングブレイドなど。

元気ですか!?
猪木とは、我々にとって、
いかなる〃存在〃だったのか？
彼の発した【言葉】を切り口に、
〃挑み続けた男〃の
真実に迫っていく。
新日本プロレス創立50周年企画
映画
アントニオ猪木をさがして
アントニオ猪木
アビッド・ハルーン　有田哲平　海野翔太　オカダ・カズチカ　神田伯山
棚橋弘至　原悦生　藤波辰爾　藤原喜明　安田顕
番家天嵩　田口隆祐　大里菜桜　藤本静　山崎光　新谷ゆづみ　徳井優　後藤洋央紀　菅原大吉
＜ナレーション＞　福山雅治
主題歌「炎のファイター〜Carry on the fighting spirit〜」（福山雅治）
監督／和田圭介　三原光尋　製作／「アントニオ猪木をさがして」製作委員会　制作／パイプライン　スタジオブルー
配給／ギャガ GAGA★　©2023「アントニオ猪木をさがして」製作委員会　http://gaga.ne.jp/inoki-movie/
あれから1年——
10.06
【金】全国公開
GAGA★

バッファロー吾郎Aの
きむコロ列伝!!

Buffalo GoroA

第142回 テリー

テリー・ファンクさん（以下テリー）がお亡くなりになった。私のなかでええもん外国人レスラー（ベビーフェイスのことを関西弁で〝ええもん〟と言う）の第1号がテリーさんだった。私たちが子どもの頃のヒーローがどんどんお星さまになっていくのが寂しい。

なら友人とテリーさんの想い出話を肴に酒でも飲みたいが、プロレス&格闘技が細分化されすぎて自分の好みと合う人がなかなかいないし、何より友人が少ない。SNSで探すという手もあるが顔がわからない知らない人と話すなんて人見知りの私にとっては苦痛でしかない。

私はそんなことを考えているうちに眠ってしまい夢を見た。人の夢の話はつまらないモノだが興味深い内容だったので紹介したい。

――誰かとテリーさんの話をしたくて町を歩いているけど話し相手が見つからないなあ。

謎の声「ハロー。ミーでよかったら話し相手になるよ」

――この声はまさか〝テキサスの荒馬〟の異名を持ち、全世界のプロレスファンに愛されたテリーさんが天国から来てくれたの？

テリーさんどこにいるの？　姿を見せて。

謎の声「ミーはすでにA先生のそばにいるよ。下を見てごらん」

――あっ、道端に焼き魚が落ちている！　どういうことだ？

謎の声「ミーは人間でもなく焼き魚でもなくましてや天国の使者でもない。ミーのことをさっきから〝テリー〟と語尾を伸ばしているがミーの名前はテリ。語尾は伸ばさなくていい」

――あっ、この焼き魚をよく見たらブリの照り焼きだ。まさかおまえはテリーではなく〝照り〟なのか？

照り「イエス！　ミーは主に醤油とみりんと砂糖と料理酒で形成されている」

――なんてまぎらわしいんだ。初期のテリー

バッファロー吾郎A

バッファロー吾郎A/本名・木村明浩（きむら・あきひろ）1970年11月24日生まれ/お笑いコンビ『バッファロー吾郎』のツッコミ担当/2008年『キング・オブ・コント』優勝

マンのような英語を使うから騙されかけた。おまえなんかとテリーさんの話はしたくない。どっか行け！

照り「グッバイ」

――ブリの照り焼きが空に消えて行った。あー誰かボクの話し相手になってくれないかなぁ。

テリー「ボクでよかったら話し相手になりますよ」

――今度は誰だ？　姿を見せろ！

テリー「ボクはA先生のうしろにいますよ」

――（うしろを振り返る）わぁ、テリー伊藤さん！　おはようございます！

テリー（以下伊藤）「ボクは『ここがヘンだよ日本人』の収録まで時間があるからテリー・ファンクさんについて語り合いましょうよ」

――テリー（伊藤）さんはプロレスそんなに詳しくないのでは？

伊藤「なに言ってるんですか。ボクは橋本真也さん主演『あゝ！一軒家プロレス』の原案&総合演出ですよ」

――そうでしたね。失礼しました。

伊藤「それにテリーがドリーの弟のようにボクもアニー伊藤の弟です」

――そんなこと言い出したら私も4つ上の兄がいます。

伊藤「テリーの異名は〝テキサスの荒馬〟でしょ？　荒馬といえば昔、見栄晴くんが夜寝ている間に見栄晴くんの足と馬をロープでつないで日の出と共に見栄晴くんが馬に引っ張られる『早朝ロデオ』という企画があったんですよ」

――憶えてます！　あれはおもしろかったです。

伊藤「見栄晴くんといえば『ビートたけしのお笑いウルトラクイズ』でロケVTRに見栄晴くんが何秒映っているかを当てるクイズもやったなぁ」

――あの企画も最高でした。

伊藤「見栄晴くんはプロレスファンからするとんでもなく羨ましい経験をしているんだよね」

――どんな経験を？

伊藤「見栄晴くんは『欽ちゃんのどこまでやるの！』に出てたでしょ？　そこにゲストで初代タイガーマスクが出演したんだけど、じつはそのときすでに初代タイガーは新聞や雑誌で引退を表明していたんですよ」

――欽どこが引退後初のテレビ出演なんですね。

伊藤「それで欽ちゃんがノリで『マスクを脱いでくれ』ってお願いしたらなんと佐山さんがふたつ返事でOKしてあっさりとマスクを脱ぐワケ。歴史的瞬間なのにあまりにもっさりしすぎてるから現場が変な空気になっちゃって、それでマスクを受け取った欽ちゃんが見栄晴くんにマスクを被せたんですよ」

――えーっ！　タイガーの素顔テレビ初披露の脱ぎたてマスクを？　もし私が見栄晴さんだったら失神してますよ。

伊藤「なのに見栄晴くんはマスクを被ったままキョトンとしておもしろかった（笑）」

――さすが見栄晴さん、って違いますよ！　私はテリー・ファンクさんの話がしたいんですよ！

ココで目が覚めた。数日後に知り合いとテリーさんの話ができてよかった。

テリー・ファンクさんのご冥福をお祈りいたします。

TERRY FUNK FOREVER!!!

写真：山内猛

日米で絶大な人気を誇った“テキサスの荒馬”
テリー・ファンクが死去したことをWWEが発表した。
晩年のテリーは認知症を患い、介護つきホームに
入所して生活を送っていたようだ。
2023年8月23日死去。79歳没。

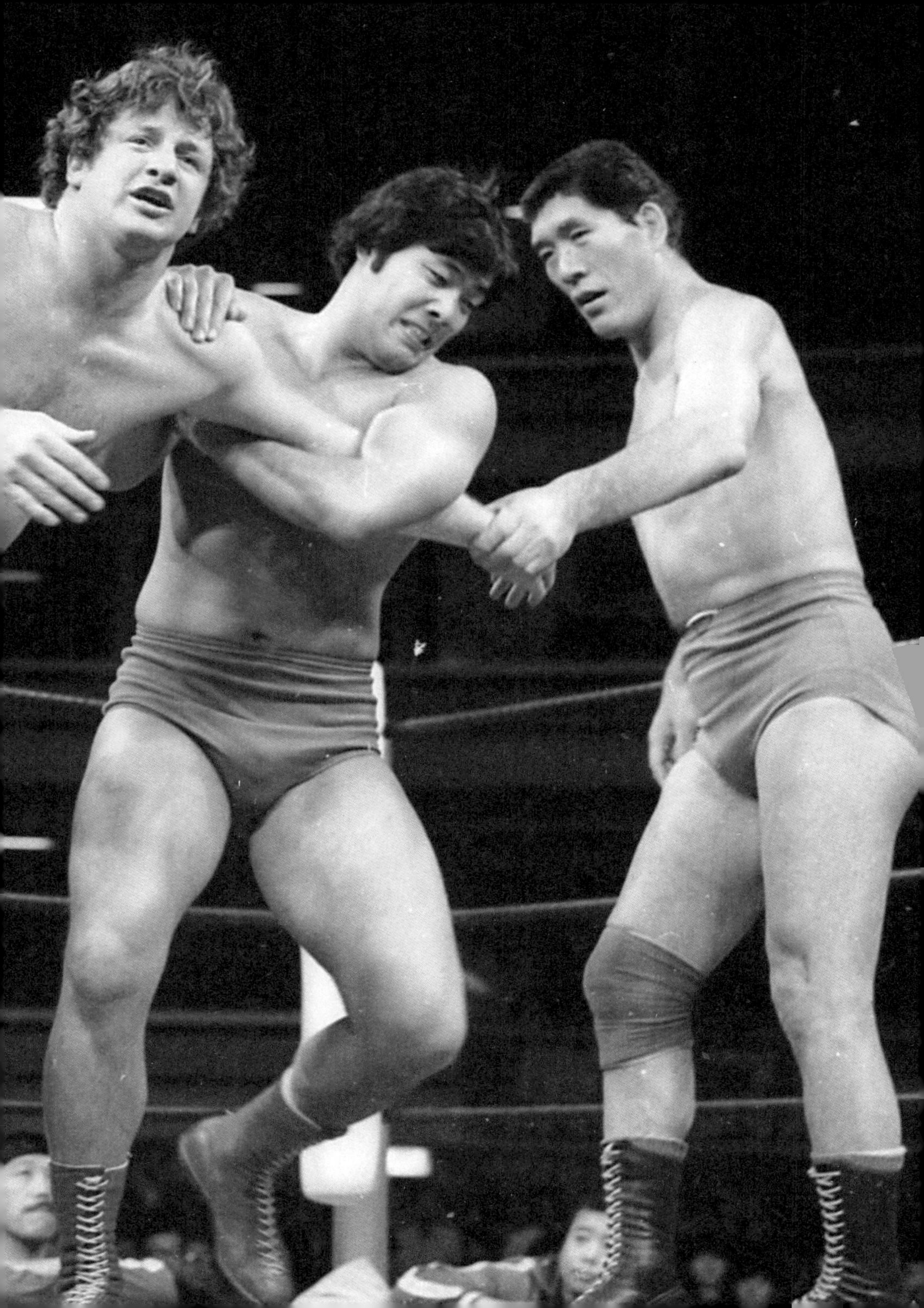

さらば愛しき師よ、さらば優しき兄よ――。
ハードコア魂を受け継いだ弟子が
偉大なる恩師テリー・ファンクを語る。

収録日：2023年9月2日
撮影：タイコウクニヨシ
試合写真：山内猛
聞き手：堀江ガンツ

KAMMINOGE TERRY FUNK FOREVER!!!

大仁田厚 邪道

「プロレスに形はない、自分が作りあげるものだと
いうことを教えてくれたのがテリー・ファンクですよ。
最高のベビーフェイスであり、最高のヒールでもあった。
まさに最高のプロレスラーだったと思いますよ」

LEGEND
OUTLAWS

「やっぱり憧れていました。オーソドックスなプロレスからハードコアまでちゃんとやる、その振り幅が凄いですよ」

――先日テリー・ファンクさんがお亡くなりになって、大仁田さんもかなりショックだったんじゃないですか?

大仁田　俺にとっては師匠であり兄貴だったからね。(ジャイアント)馬場さんに次ぐ大きな存在が逝ってしまったよ。そういや、今日はテリーさんのお葬式だったんだよ。

――(テキサス州)アマリロで営まれたお葬式ですね。

大仁田　今朝、娘のステイシーとブランディと電話で話したんだ。俺はアマリロのテリーさんの家に1カ月くらいホームステイさせてもらったこともあるから、娘ふたりが小さい頃から仲良く一緒に遊んだりしていたからさ。「パパは大仁田や日本のファンを愛していた」って言ってもらえて、俺も愛していたし。凄くお世話になった、いい家族でしたよ。ほかにもいろんな話をしてさ。

――どんなお話をされたんですか?

大仁田　テリーさんが俺のために国際免許証を偽造してくれた話とかさ(笑)。

――なんですか、それ?(笑)。

大仁田　俺がアマリロに行ったとき、国際免許証を失くしていたんだよ。でも向こうはクルマが運転できなきゃどうにもならないからさ。そうしたら、テリーが「こんなの簡単だよ」って免許を偽造してくれたんだよ(笑)。まあ、結局使わなかったんだけどね。

――地元アマリロならなんでもできちゃう、というか(笑)。

大仁田　その話をステイシーやブランディも憶えていて、「免許の話、憶えてる?」「あんなことがあったよね」って笑って話してくれたんだよな。

――それって大仁田さんの若手時代の話ですか?

大仁田　海外修行時代だね。最初に西ドイツに行って、そのあとテリーさんのブッキングでプエルトリコに行ったんだけど、そこでサントドミンゴ(ドミニカ共和国)のプロモーターを紹介されて行ったら、ギャラで揉めたんだよ。「週5試合でいくら」っていう話だったのが6試合も7試合もやらされるから、「ちょっと待ってくれ。このギャラじゃおかしいだろ」って言って反抗したら、俺だけ控室に閉じ込められて、向こうのレスラー数人にボコボコにされたんだよ。

――えーっ!　以前、テリーさんにインタビューしたとき、大仁田さんがドミニカかどっかの控室でボコボコにされて、「かくまってくれ。助けてくれ」っていう連絡が来たからアマリロに呼んだんだって言っていたんですけど、本当だったんですね。

大仁田　そうそう。そうしたら「アマリロに来い」って言われて、1カ月半くらい住まわせてもらったんだよ。試合でブッキングされたわけじゃないから、テリーさんの牧場の手伝いをしたり、川に入って杭を打ったり、有刺鉄線を張ったりとかしてさ。そのときに有刺鉄線は痛いものだっていうのを感じたんだけど（笑）。

——邪道・大仁田厚の原点というか（笑）。

大仁田　すべての原点はテリーさんだよ。テネシーを紹介してくれたのもテリーさんだし、サンアントニオも紹介してくれてワフー・マクダニエルとの試合を組んでくれたのもテリーさん。あとはチャボ・ゲレロが持っていた、NWAインターナショナル・ジュニアヘビー級のベルトに全日本から誰を挑戦させたらいいかって、馬場さんがファンクスに聞いたんだよ。そうしたらドリーは渕（正信）さんがいいと言ったらしいんだけど、テリーが「絶対に大仁田がいいだろう」って言ってくれて、それで俺に決まったんだよ。

——そうだったんですね。

大仁田　テリーさんはそういうチャンスを俺にくれて、実際にタイトルマッチのときにはノースカロライナまで来てくれてね。だからいちばんの恩人ですよ。

——大仁田さんは、テリーさんからの影響もかなり受けているわけですよね？

大仁田　やっぱり憧れていましたからね。テリーさんの凄いところは、NWAの世界チャンピオンになるくらいオーソドックスなプロレスもできるけれど、身体を張って血を流して、ハードコアもちゃんとやるわけじゃないですか。その幅が凄いし、俺自身はまだまだテリーの域には全然行ってないけど、ああいうところを知らず知らずのうちに真似していたのかなって。あとは引退してもリングが恋しくなって、カムバックしちゃうところとかさ。

「地方巡業のときにテリーさんが中古のスーパーカブを買ってきて、そのカブに乗ったまま海に突っ込んだんだよ！」

——引退とカムバックを繰り返したレスラーといえば、テリー・ファンクと大仁田厚が双璧ですよね（笑）。

大仁田　悪いのは全部テリーさんですよ。俺じゃなくて（笑）。

——あくまでテリー・ファンクの影響を受けただけだと（笑）。

大仁田　まあ、それは冗談にしても、俺やトミー・ドリーマーとかミック・フォーリーなんていうのは、みんなテリーの影響を受けた兄弟分というか、あのへんはみんなそうなんですよ。

——ハードコア・ファンクファミリーというか。

大仁田　それでトミー・ドリーマーもお葬式に来ていたらし

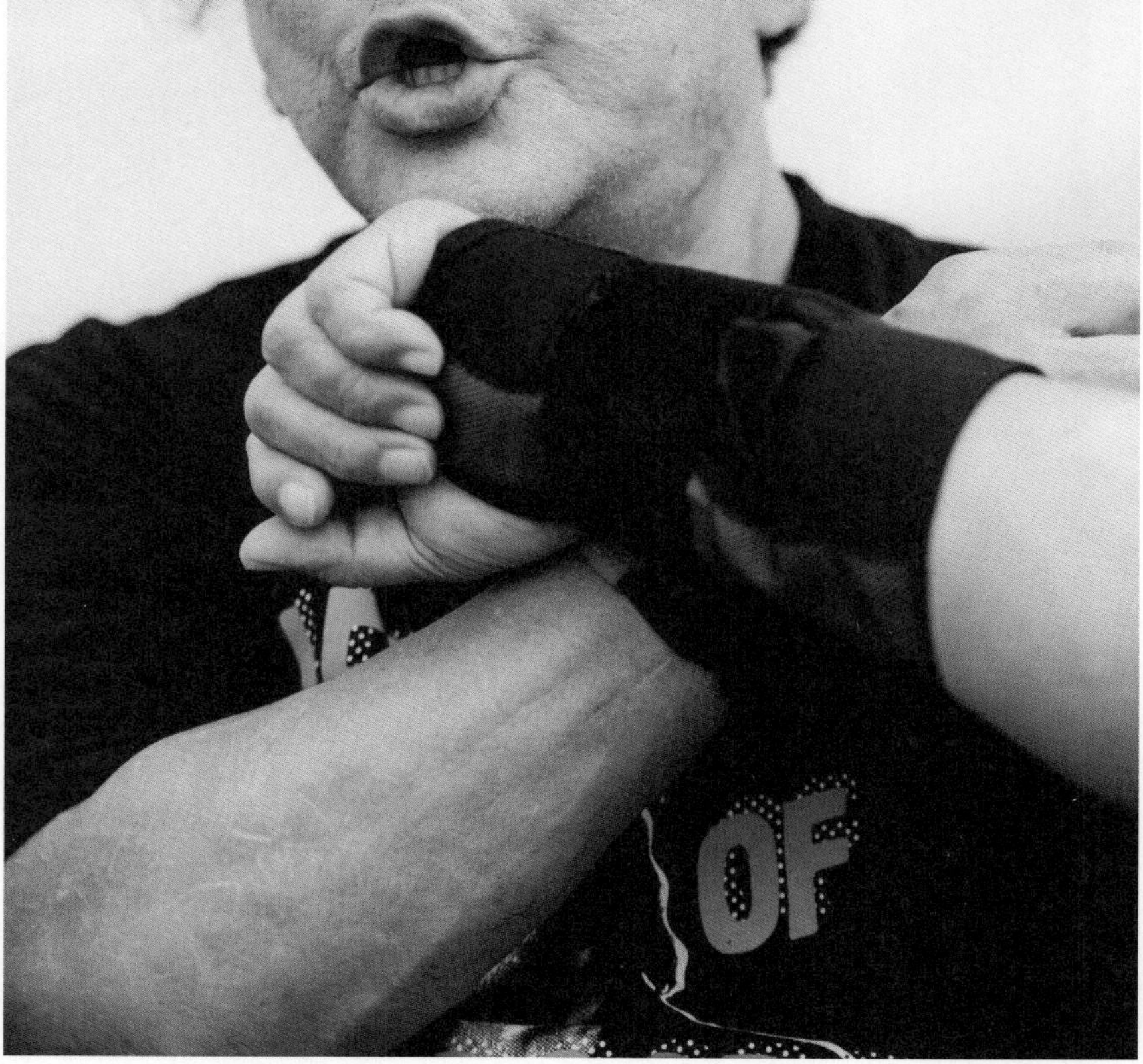
OF

いんだよね。去年、『レッスルマニア』をダラスでやったとき、向こうのプロモーターが俺とテリーさんのサイン会を計画してくれたんだよ。そうしたら具合が悪かったみたいでテリーさんは来れなくてね。代わりにトミー・ドリーマーが電話してくれたら、これはジョークなんだけど、「大仁田、いつ俺を呼ぶんだ？　おまえはいつも『日本に呼ぶ』と言いながら全然呼んでくれないじゃないか。トミー、ウソばっかりついてる大仁田を俺の代わりに殺しておいてくれ」ってテリーさんが言っててさ（笑）。

――老いてなお血気盛んですね（笑）。

大仁田　テリーさんは奥さんのヴィッキーさんに先立たれて、そこから気持ち的にひ弱になってしまったらしいんだけど、それもわかるんですよね。だって、旦那がわけのわからない日本人を連れてきて1カ月半も家に居候させたときも文句言わずに、ずっと支えてくれたのがヴィッキーさんなわけじゃないですか。そんな話をダラスでもしたんですけどね。

――亡くなる1年くらい前から、かなり痩せちゃっていたみたいですね。

大仁田　俺は弱ってからは会ってないから、信じられないんだけどさ。元気でハチャメチャなテリーさんしか知らないから。俺が「テキサスの男ははじけてるな」って思ったのは、全日本プロレスの地方巡業で沖永良部島に行ったときに、テリーさんがそのへんのアンちゃんから中古のスーパーカブを買ってきたんだよ。フレームの一部が木材でできているようなカブでさ。

――凄く古いタイプのカブですね。

大仁田　俺らが港にいるときにそのカブで走ってきて、そのまま海に突っ込んだんだから。「おい！」みたいな。凄いなと思って。

――カブでロデオをやってるというか（笑）。

大仁田　そうなんだよ。ロデオだよな。巡業中はそんな話がたくさんあるよ。飛行機で青森かどっかの小さな空港に到着したとき、みんなが「テリーがいないよ！　飛行機に乗っていたと思うんだけど……」って言うわけ。そうしたら荷物が運ばれてくるベルトコンベアに乗って、荷物と一緒にテリーが現れたんだから（笑）。

――なんで！（笑）。

大仁田　それで終わるかなと思ったら、もう1回まわるんだよね。

――NWA世界ヘビー級チャンピオンにまでなった男が何をやってるんですか（笑）。

大仁田　あの兄弟が凄いなと思うのは、兄貴のドリーもNWA世界チャンピオンで、テリーもNWA世界チャンピオン。いまでこそ世界一はWWEだけど、あの時代はやっぱりNW

Aだったんですよ。

——史上唯一の兄弟NWA世界王者ですもんね。

大仁田　ふたりともタイプは違いますけど、プロレスラーとしての実力は超一流なんですよ。

——また普通なら一度頂点を極めたら、そこからあとはゆるやかに落ちていくものじゃないですか。でもテリー・ファンクはNWAのベルトを落としたあとに何度も大ブレイクしていますよね。NWA王者から陥落したあと、オープンタッグ選手権でのアブドーラ・ザ・ブッチャー&ザ・シーク戦で人気が爆発して、引退フィーバーで社会現象になったのはその5年後。さらに90年代に入って、ハードコアのリビングレジェンドになったわけですからね。

大仁田　あの当時のテリーさんが凄かったのは、やっぱり女性をあれだけ惹きつけたことですよ。

——テリーによって、女性ファンと少年ファンが爆発的に増えたんですよね。しかも単なるファンじゃなくて、みんなテリーに夢中になってしまうくらいのアイドル人気で。

大仁田　熱狂的なんだよ。地方に行っても凄かったよ。ホテルまで追っかけてくるファンもたくさんいて、俺ら若手は制止するんだけど、テリーさんは笑顔で「いいよ、いいよ」ってみんなにサインするから、ちゃんと若手の仕事をしている俺らが悪者になってね（笑）。

「テネシーでのジェリー・ローラーvsテリー・ファンクこそがハードコアの元祖。すでに有刺鉄線マッチもやっていたしね」

——テリー・ファンクは地方の小さな体育館や、野外のオープン会場でも常に全力ファイトだったらしいですね。

大仁田　それは全日本でもFMWでもそうだったし。なんだかんだ言ってテリーの存在は大きかったですよ。昭和の全日本は馬場さんが象徴で、（ジャンボ）鶴田さんという若いトップ選手もいたんだけど、そこにテリー・ファンクもいたことが大きかったと思うんですよね。いまの日本のプロレス界は新日本が1強みたいになっているじゃないですか。当時も猪木さんの人気が凄くて、そうなっていてもおかしくなかったんだけど、「そうはいかんぞ！」と真っ向から対抗できたのは、テリーの存在が大きかったからですよ。

——70年代末から80年代初頭にかけて、新日本人気がウナギのぼりになる一方、全日本はテレビ放送がゴールデンタイムから外れたり、苦しい時代でしたからね。テリーがいなかったら、全日本はどうなっていたかわからないくらいの。

大仁田　地方興行とか苦戦していたのが、テリーさんが来日したシリーズだとお客が入っていたんだよ。

——へんな話、テリーさんが1983年に引退したのは、全

日本を盛り上げるための引退だったという話もありますよね。

大仁田　なんで引退したのかよくわからないよね。つい数年前まで試合していたんだからさ（笑）。つい数年前まで試合していたんだからさ（笑）。

――でも絶頂期の猪木さんやタイガーマスクの人気に唯一対抗できたのが、テリー・ファンクだったのは間違いないですよね。

大仁田　ゆでたまごさんの漫画になるくらいだからね。

――『キン肉マン』のテリーマンですね。そのまんまのキャラクターの超人という（笑）。

大仁田　いま40代後半から50代、60代始めくらいの人は、テリーさんのファンが多かったんじゃないですか？

――ボクはいま49歳ですけど、まさに最初にファンになったのはテリー・ファンクですからね。

大仁田　テリーさんの強さとやさしさに触れて、みんなファンになっちゃうんですよ。俺がNWAインタージュニアヘビー級チャンピオンになったときもノースカロライナまで来て、抱きしめてくれてね。

――あれが大仁田厚が世に出るきっかけですもんね。海外でチャンピオンになって、それを師匠テリー・ファンクが祝福するという画が素晴らしかった。その前にはテネシーにも出ていたじゃないですか。

大仁田　テネシーにブッキングしてくれたのはテリーさんだし、フロリダを紹介してくれたのもテリー。全部テリーさんですよ。そのときはドリーがフロリダのブッカーだったんで、テリーがドリーに電話をしてくれて。

――大仁田さんがのちにFMWのスタイルを作り上げるのも、テリーさんがモチーフになっているわけですよね。

大仁田　あれはテリーさんが基本になっていますから。

――テネシーでのジェリー・ローラーvsテリー・ファンクにインスパイアされたって言っていましたよね。

大仁田　あれこそハードコアの元祖ですよ。テネシーでは有刺鉄線マッチもやっていたしね。ノーロープじゃなくて、ロープを張ってそのまわりを有刺鉄線で囲んだやつだったので、ボクはそれをノーロープでやったんだけど。だからテリーさんの要素っていうのが、もの凄く大きかったですね。

――そのテネシー時代がなければ、のちのFMWのスタイルもなかったかもしれないですよね。

大仁田　まあ、テリー・ファンクがいなかったらFMWはなかったですよ。

――そもそもFMW自体がなかったと。大仁田さんはFMWという団体を大きくして、1993年の5・5川崎球場でのビッグマッチにテリーさんをブッキングしたとき、どんな思いでしたか？

大仁田　それはもう恩返しですよ。FMWを旗揚げしたとき、テリーさんが「おめでとう！」っていう電話をくれたんです

よ。いつ潰れるかわからない小さな団体だったんだけどさ、それが俺のなかでは常に残っていて、「いつか絶対にテリーさんを呼びたいな」と。FMWは地方興行が多かったけど、あの人は地方に行っても嫌がらないんですよ。文句を言う人じゃないんですよ。どこに行っても人にやさしいし。

――当時、全国をまわっていたFMWにとってはピッタリですね。

大仁田 テリーさんはハードコアでも一生懸命にやってくれるんでね。NWAの世界チャンピオンにまでなって、大スターになるとちょっと手を抜こうかとかあるじゃないですか。そんなことはまったくなかったですね。

「テリーさんも俺も最後までプロレスラーだよ。何度引退したって、プロレスラーは死ぬまでプロレスラーだから」

――川崎球場での時限爆破マッチでは、流血はもちろん、泥だらけになっていましたもんね（笑）。

大仁田 元NWAの世界チャンピオンがああいう試合形式やること自体が考えられないよね。

――テリーさんに出場交渉したとき、ああいう試合形式も説明したんですか？

大仁田 まあ、エクスプロージョン（爆破）については知っていましたけど、「問題ない、なんでもやってやる」って感じでしたよ。

――あの川崎球場での試合があったからこそ、そのあとテリーさんはECWなんかでもハードコアの闘いをやり始めて、テリーさんにとっても転機となりましたよね。

大仁田 おととし（旧）ECWアリーナに行ったんだよ。そうしたら向こうのファンが「テリーはどうしてるんだ？」って聞いてきたからね。向こうではハードコアのレジェンドでもあるから。

――いまのアメリカのファンは、元NWA世界ヘビー級王者とか、ハルク・ホーガンやリック・フレアーのライバルというより、90年代に入ってからの"リビングレジェンド"、ハードコアの始祖としてリスペクトされているんですよね。

大仁田 それはボク自身もそうなんですよ。ボクもハードコアをやっていたからこそ、海外にも一定数のファンがいるわけですよ。テリーさんやサブゥー、トミー・ドリーマーたちがハードコアというものをアメリカで根づかせてくれたからこそ、日本でそれを先がけてやっていたボクもリスペクトされる。だから試合かサイン会でアメリカに行ってメシを食っていたら、隣のテーブルにいたファミリーのお父さんから「私たちがお会計しますから」って言われたからね。そのお父さんが俺の大ファンで、デスマッチをずっと観ていたって。

もう、いいパパなんだけどね。だからこれは逆に言うとテリーのおかげだなって。

――テリーさんがハードコアを根づかせてくれたし、そのテリースタイルもいまも受け継いでるわけですもんね。

大仁田　いまだにハードコアをやっているのは、ろくなもんじゃないなって自分でも思うんだけど（笑）。俺も来年でデビュー50周年だからさ。

――凄いですね（笑）。生き方もテリー・ファンクになってきましたね。

大仁田　もう最後までプロレスラーだよ。何度引退したって、プロレスラーは死ぬまでプロレスラーだから。

――テリーさんも実際そうでしたもんね。

大仁田　こうやってテリーさんの話をしていると、昔のことがどんどん思い出されますよ。アマリロで居候していたとき、「おまえに鴨を食わせてやる！」って言って、猟銃を持って家の近くの川のほうにテリーさんが行くわけですよ。それで「いまから鴨を撃つから」ってバーンと10発くらい撃つんだけど、鴨が1羽も獲れないんですよ。それで「おまえも撃ってみろ！」って言われてバーンと撃ったら、もちろん鴨が1羽も獲れなくてね。「今日は鴨の調子が悪いみたいだな」って（笑）。それからスーパーに行ってチキンを買ってきて、ステーキを食わせてくれたんですよ。アマリロのスーパーに

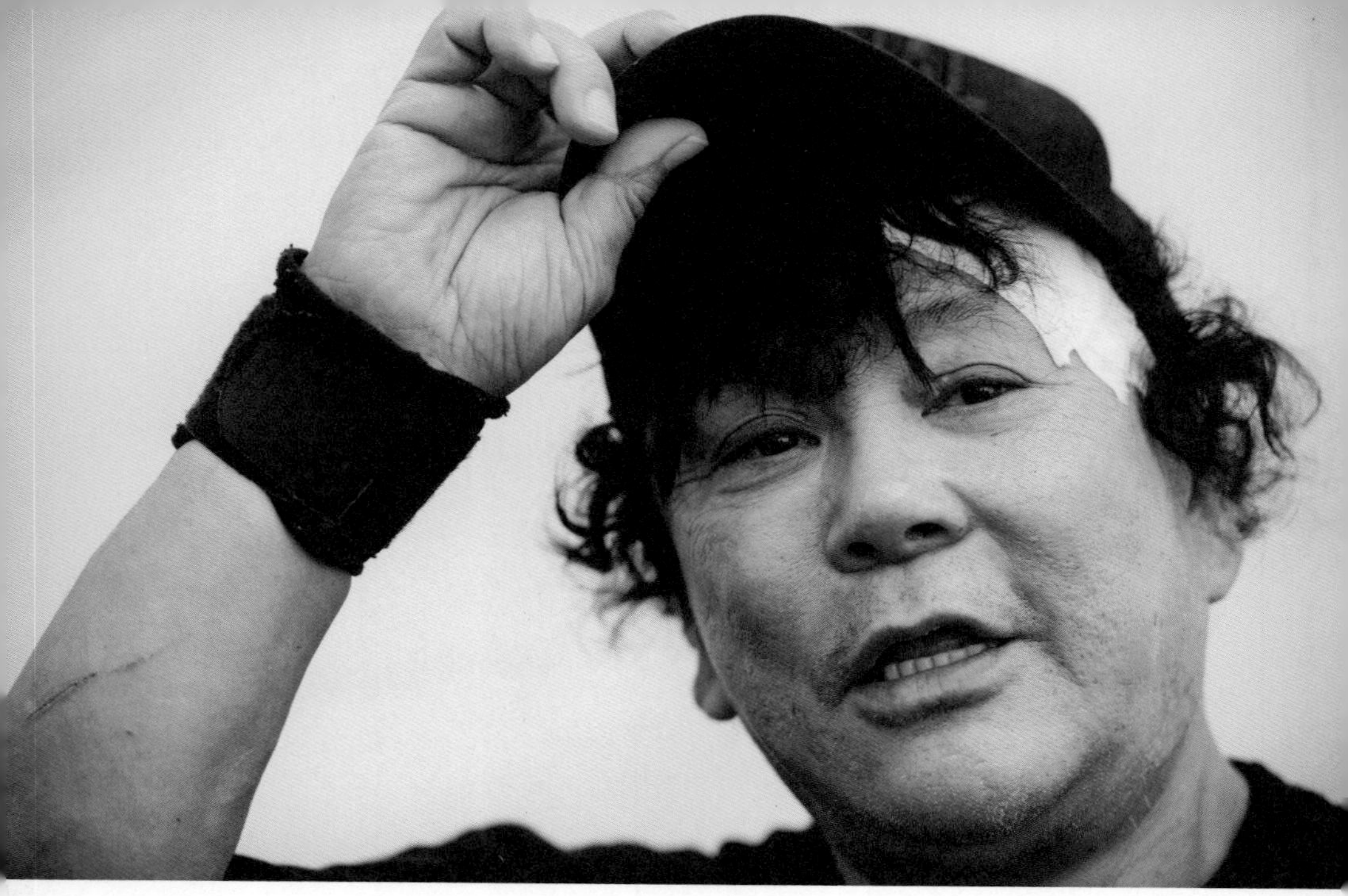

行っても、テリーのファンが多いのか、「テリー！」ってみんなが気軽に声をかけているんですよ。やっぱりアマリロのスターだったから。

――若い頃にアマリロに1カ月半いたっていうのは、大仁田さんの中で凄く大きな思い出として残っているんじゃないですか？

大仁田　思い出もいいところですよ。まわりにはなんにもないところでしたけどね。

「みんな悲しんでいると思うけど、安らかに逝ったらしいから、それはよかったなと思う」

――以前、天龍（源一郎）さんに話を聞いたときも「歳をとるとアマリロへの郷愁が凄く出てくる」っていうことを言っていました。

大仁田　昔の全日本のレスラーはみんな、一度はアマリロに行ってるんですよ。だから俺たちにとってアマリロは第二の故郷みたいなものだから。向こうでは家族のように扱ってもらえましたからね。テリーがそうだし、ドリーもそうなんだけど、面倒見がいいんですよ。

――まさに全日本ファミリーだったわけですね。

大仁田　もうさ、テリーやドリーについてこうやって語れる人が少なくなってきたよね。誰もいないだろ？

――本当にそうなんですよ。

大仁田　（グレート）小鹿さんぐらいか。

――あとは渕さん、天龍さんとか。

大仁田　新日本にはいないだろ。

――そうですね。藤波辰爾さんが近い世代ですけど、特に関わりがあったわけでもないですしね。

大仁田　全日本は、テリーさん、ドリーさんがいてくれて本当に助かったよ。ＮＷＡ系のトップレスラーをいろいろ呼んでくれたし、俺たちが若手の頃、ＮＷＡの主要テリトリーに行けたのもファンクスのおかげだから。普通、セントルイスとか行けないよ。

――大仁田さんが、テリーさんに言われた言葉で印象に残っていることは何かありますか？

大仁田　テリーさんがボクに教えてくれたことは、「プロレスに形はない」っていうことですよ。「自分が作りあげるものだ。形にこだわるな」っていうことを教えてくれたのがテリー・ファンクですよ。

――それがプロレスだと。

大仁田　そう。「自由にいろんなことができるのがプロレスなんだ」ってね。だからＦＭＷを旗揚げする前、ＵＷＦがブームを巻き起こしていたけど、ボクは「プロレスってもっと自由なものだ」っていう思いからＦＭＷを旗揚げしたし、ＦＭＷのオフィスにはテリーさんの写真をずっと飾っていましたからね。

――そういえば、そうでしたね。まさにテリーイズムの団体として生まれたと。

大仁田　そのテリーさんが日本でいちばん活躍したのが全日本なんだから。いま俺も全日本で電流爆破をやるから価値があるんだよ。強引かもしれないけど（笑）。

――いちおう理に適っているんだと（笑）。とにかく、テリーさんは日本のプロレスに多大なる影響を与えましたね。

大仁田　だって昭和生まれの世代で知らない人はいないでしょ。みんなテリーさんが亡くなって悲しんでいると思うけど、安らかに逝ったらしいから、それはよかったと思う。ステイシーが、テリーさんは夜ベッドで寝たまま朝には亡くなっていたって。

――眠るように亡くなったわけですね。

大仁田　去年、ダラスに行ったときは、このままアマリロに寄ってテリーさんに会いに行こうっていう話もしていたんだよ。だけど病院と施設を行ったり来てるしてるんで会えるかわからないってことで断念したんだけど。なので来年ぐらいには、アマリロのテリーさんのお墓に行って手を合わせたいね。テリー・ファンクは日本では最高のベビーフェイスであり、日本やアマリロ以外では最高のヒールでもあった。まさに最高のプロレスラーだったと思いますよ。

大仁田厚（おおにた・あつし）
1957年10月25日生まれ、長崎県長崎市出身。プロレスラー。元参議院議員。
1973年に全日本プロレスに入門し、1974年4月14日の佐藤昭雄戦でデビュー。1982年3月7日、米ノースカロライナ州シャーロットにて、セコンドにテリー・ファンクが付くなかでチャボ・ゲレロを破りNWAインターナショナル・ジュニアヘビー級王座を獲得。帰国後、同王座のチャンピオンとして全日本ジュニア戦線を盛り立てたが怪我により1985年1月3日に引退。その後はタレント活動をおこなっていたが、1988年12月にジャパン女子のリングで現役復帰を果たす。1989年、FMWを旗揚げ。多種多様なデスマッチを開催し続けて「涙のカリスマ」「デスマッチの教祖」として大ブレイク。その後も引退と現役復帰をくり返し、政界に進んだこともあったが現在も現役レスラーとして活動中。

プロレスがわかれば世の中が、
そして世界が見えてくる。

斎藤文彦×プチ鹿島

活字と映像の隙間から考察する

プロレス社会学のススメ

司会・構成：堀江ガンツ　撮影：タイコウクニヨシ　写真：山内猛

第44回

日本でもっとも愛された外国人レスラー

8月23日（現地時間）、日本でも爆発的な人気を誇ったプロレスラー、テリー・ファンクが故郷のテキサス州アマリロで亡くなった。享年79。

父がドリー・ファンク・シニア、ドリー・ファンクJr.というレスリング一家で生まれ育ったテリーは、1965年12月28日にプロレスデビュー。1970年6月に日本プロレスに初来日。ジャイアント馬場&アントニオ猪木のBI砲との激闘や、全日本プロレスの常連外国人として活躍。1975年12月10日にはジャック・ブリスコを破ってNWA世界ヘビー級王座を獲得した。

1983年8月31日、全日本プロレスのリングで一度は現役を引退したが、翌年に現役復帰を果たし、WWF（現WWE）でも活動。90年代以降は〝ハードコア・レジェンド〟として文字通りデスマッチで伝説の男となった。2009年4月、ドリーとともに兄弟でWWE殿堂入り。

誰からも愛されたこの偉大なる〝テキサスの荒馬〟の、正しいヒストリーを紹介することで追悼したいと思う。

「テリー・ファンクの偉大なるレガシーのなかではNWA世界王座はほんの小さな一部分でしかないんです」（斎藤）

――今回はやっぱりテリー・ファンク追悼をテーマに語っていこうと思うんですよ。テリーに関しては、前回「1983年のマット界」というテーマでも語ったばかりではありますが。

鹿島　「テリーが1983年8月に引退したのは、全日本と新日本の興行戦争の最中、全日本が新日本に一矢報いるためだった」

という話をしましたよね。でもその引退に関しても、サンスポあたりでは変なコラムが書かれていましたよね。

――「甘口辛口」というコラムですね。

斎藤 「日本人気質を見誤った」とか「引退ビジネスの失敗」とか、いわゆる知ったかぶりにさえなっていない、何から何までトンチンカンなひどい記事でした。

鹿島 愛がない人が、アクセス稼ぎのためなのか、有名人の死にいっちょ噛みするとああなるっていう典型的な例でしたね。

斎藤 だから、こういうときこそボクらはプロレスについて、プロレスラーについて、しっかりと論じていかなければならないんだと思います。

鹿島 べつに亡くなった人を変に持ち上げるんじゃなく、正当な評価を残すって大事ですよね。そうじゃないと「引退ビジネスの失敗」みたいなのが、今後テリー記事のテンプレートになりかねない。

――あのコラムには、復帰後「日本メジャーマットでの働き場はなかった」だの「それでもインディー団体に出ていた」「老体にムチ打って、還暦過ぎまで闘った」だの、さも落ちぶれたレスラーが金のために老醜を晒したように書いていたのにも呆れましたね。

斎藤 その安易な筋立てだけで、テリーについてもプロレスについても何ひとつ理解していないことがよくわかる。

鹿島 むしろテリーが世界的な評価で大ブレイクしたのは、50代になってからじゃないですか？

――そうですよ。今回、WWE「スマックダウン」の放送でも大々的にテリーの追悼をやっていましたけど、79歳のテリーがいまのWWEスーパースターやWWEユニバースにあれだけリスペクトされているっていうのは、50代でハードコアの〝リビングレジェンド〟になったからこそ、ですよね。

斎藤 WWEスーパースターズ、つまり現役のスーパースターたちにとって憧れの人であり、伝説の人なのです。

鹿島 元NWA世界ヘビー級チャンピオンだったからリスペクトされてるわけじゃなく。

斎藤 テリー・ファンクの偉大なるレガシーのなかではNWA世界王座はほんの小さな一部分でしかない。

鹿島 だから90年代に入ってから、ECWなんかでハードコアの始祖、リビングレジェンドとして活躍し始めたのは、1983年の引退試合を知っている世代からすると、引退してからまた化けた感じがしますよね。

――そうなんですよ。何度目のブレイクなんだっていう。

鹿島 長渕剛がどんどんキャラが変わっていったように、テリーもアイドルからハードコアになって（笑）。

斎藤 NWA世界王者だったり日本で超アイドルだった30代のテリーがいて、WWE

でハルク・ホーガンと闘い、WCWでリック・フレアーと闘った40代のテリーがいて、それからハードコアの50代があった。60代になってもレジェンドとしてレスラー仲間にも観客にもリスペクトされながら試合をしていた。その時代は「ワン・モア・ナイト」を口癖というかMojoおまじないに「今日のこの試合が自分にとって最後の試合になるかもしれない」という思いで常にリングに上がり、「ワン・モア・ナイトをワン・モア・ナイト」を実践していたんです。

鹿島　それを考えると凄いですね。30代だけを見ても、王道のNWA路線もあれば、ファンクスとして日本ではまた違う売れ方もして。

斎藤　1977年「世界オープンタッグ選手権」でのザ・ファンクスvsブッチャー＆シークがなければ、日本のプロレス文化にタッグリーグ戦の伝統は生まれなかったと思います。

鹿島　あそこからアイドル人気が爆発したわけですよね。ボクの子どもの頃の記憶では、テリーはアイドルでしたから。

――アイドルだからこそ、女の子や少年ファンにも絶大な人気があったわけですよね。1973年生まれのボクが小学1年でプロレスを観始めて、最初にファンになったのはテリーでしたから。

鹿島　80年代初頭はテリーを応援するチアガールもいましたもんね。

斎藤　しかも、それがひとつじゃなくて日本じゅうに何グループもあったんです。

「一度引退してからの〝早すぎる復帰〟はテリー本人ではなく全日本の都合だった。オファーがなければ出場するわけないですよね」（鹿島）

鹿島　2015年に天龍さんの引退試合が両国国技館でおこなわれたとき、ボクの1列前に50〜60代くらいの年配のお姉様たちが5、6人で来ていて、第1試合からみんなおとなしく観ているんですよ。どの試合にも均等に拍手をしていてマナーがいいファンで、「天龍さん引退興行のパッケージを観に来たのかな」と思ったら、最後に「ゲストのテリー・ファンクさんです！」って紹介されたときにその5、6人のお姉様たちが一斉に立ち上がって「テリー！　テリー！」って、もうチアガールですよ（笑）。あれは凄いと思いました。

――だからテリーって、70年代から80年代にかけてのカルチャーそのものですよね。

斎藤　少年ファンが外国人レスラーをホテルまで追いかけていくっていうカルチャーは、ミル・マスカラスとテリー・ファンクが原点でしたね。テリーはそういう出待ち、入り待ちのファンを凄く大切にして、最後のひとりまでかならずサインをして、記念撮影に応じていた。当時は100人、

200人という数のファンがホテルのロビーで待機していて、テリーはどんなときでも笑顔を絶やさずに日本の少年ファン、少女ファンとのコミュニケーションを楽しんでいた。

鹿島　いまで言う〝神対応〟どころじゃないですね。

斎藤　そういうテリーの人柄に触れると、やっぱりティーンエイジの感覚だから、まるで恋をするようにテリーのことが好きで好きでたまらなくなっちゃうんです。

――だから、テリーが当時どれだけ人気があったかって説明しても、あの時代を知らないとピンと来ないと思うんですよ。テリーの人気って、ほかのレスラーの人気とは全然違いましたよね。

斎藤　説明しても説明してもなかなかうまく伝えきれない生の現象。ザ・ファンクスの人気はビートルズ的だった。

鹿島　女の子が「キャー!」って黄色い歓声をあげてしまうような。だから、ちょっと前に「プ女子」なんて言葉がありましたけど、テリーは女の子にも人気があるし、普通に男のファンにも人気ありましたよね。

斎藤　「愛された」ということだと思います。プロレスにあまり興味がない人でも、テレビでたまたまテリーを観て好きになっちゃうような、そういうタイプのスターでした。

――「寝ても覚めてもテリー・ファンク」になっちゃうという(笑)。

斎藤　それくらい魅力的だった。

――だからテリーが引退して復帰してもあの頃の人気は戻らなかったというのは、「裏切られた」という思いもあったとは思いますけど、当時はティーンエイジャーのファンが大半だったから、アイドルと同じようにテリーから「卒業」しちゃった人が多かったと思うんですよ。たとえば中学時代に好きだったアイドルが、高校生になって環境が変わったら魔法が解けるように熱がさめたりするって普通にあるじゃないですか。

鹿島　80年代までは、アイドル人気の〝寿命〟って短かったですもんね。だからアイドルも1回引退したあとママドルになって違う売れ方をしていますから、テリーも同じような感じかもしれない。

斎藤　観ているほうもまた同じように年齢を重ねているから、おじさんになってヨレヨレのバージョンのテリーも愛し続けた。感動的な引退試合から1年半後にテリーが復帰したときは、ちょうど外国人レスラーの世代交代が始まっていて、ファンクスよりも若くて、デカくて、強くてカッコいいロード・ウォリアーズと日本で2回くらいやったときは、試合そのものはやっぱりしんどかった。そういう現実もボクたちは目撃しました。

――テリーが1983年8月に引退して、1984年の「最強タッグ」で復活するわけですけど、その1年3カ月ぐらいの間に日本のプロレス界は大きく様変わりしたん

ですよね。「84最強タッグ」の最中に長州軍（ジャパンプロレス勢）が全日本に参戦し始めて、翌1985年1月からは全日本vsジャパン一色になったじゃないですか。

斎藤　日本人選手が一気に増えたことで、全日本、ジャパン、国際血盟軍、外国人選手の4グループが常にフル出場で、1日の興行で平均13試合あったりしたんです。

鹿島　それこそテリーの出番はないですよね。ファンクスとハンセン＆ブロディや、ブッチャー＆シークがやっていた頃の景色とも全然違っていて。

斎藤　ジャパンプロレス軍団のカラーが全日本を支配すると、テリーのオーバーアクションでアメリカンなテイストのプロレスがその空気にマッチしなくなったことはたしかでした。

――だからテリーの「日本での復帰」は失敗だったと思いますけど、そもそもテリー自身は1983年8月の〝引退〟をもって、日本での活動は本当にピリオドを打つつもりだった。ヒザのケガは本当だから、オーバーホールで1年以上休んだあと、アメリカでのプロレス活動は限定的に再開しながら、映画のほうにシフトしようとしていたんですよね？

斎藤　80年代半ば、テリーがハリウッドを目指していたことはたしかなんです。そもそも1977年の「オープンタッグ」で髪を短くしていたのは、シルベスター・スタローン監督・脚本・主演のプロレス映画『パラダイス・アレイ』（1978年公開）に準主役で出演して、まだ撮影中だったという背景があった。復帰した翌年には『ワイルド・サイド』っていうカウボーイものテレビシリーズにもレギュラーで出ていて、その後はスタローンの〝腕相撲版ロッキー〟である『オーバー・ザ・トップ』（1987年）があって、いわゆるカウボーイもののストーリーをナイトクラブの用心棒に時代設定しなおした『ロード・ハウス』（1990年）という映画にも出ている。だからアメリカではハリウッド俳優としてのテリー・ファンクのステータスっていうのもあることはあるんです。

――それなのに、なぜ全日本であっさり復帰したかといえば、テリー引退後の全日本は目玉を失って、また観客動員に苦戦していたので、馬場さんが大金を用意して復帰を要請したからなんですよね。「NOとは言えない額だった」ってテリーの自伝にも書いてありますけど。

鹿島　〝早すぎる復帰〟は、テリー本人ではなく全日本の都合だったと。まあ、オファーがなければ出場するわけないですもんね。

「テリーのことも、プロレスのこともわかっていない人たちが勉強不足な〝追悼記事〟を無自覚に書いていることが残念」（斎藤）

――ただ、テリー復帰が正式に決まったあと、長州軍団が新日本を離脱して全日本に

来ることが決まっちゃったんですよ。そうなるとギャラは引退前より高いのに、人気は引退前ほどじゃないテリーは馬場さんにとって不要になってしまった。

斎藤　不要といったらいくらなんでもかわいそうだけど、ジャパンプロレスが来たことで、全日本というか馬場さんがプロデューサーとしてテリーを使いづらくなったことはたしかでしょうね。そうなったらテリーは自分らしさをいちばん発揮できるところに行くしかない。それで実際、1985年から1987年の第1次ハルク・ホーガン政権の頃のWWEと契約して、ロディ・パイパー、ポール・オーンドーフらと同時期にホーガンのチャレンジャー・グループのひとりになった。そしてテリーの相棒として兄ドリーも「ホス・ファンク」という新リングネームになって、WWEでヒール版のファンクスという別バージョンで活動したこともあった。

鹿島　だから引退して復帰したあと、テリーは落ちぶれたどころか、アメリカのメインストリームにいたわけですからヒールのトップですよね。

斎藤　ホーガンの相手ですからヒールのトップです。その後、NWAクロケット・プロがテッド・ターナーに身売りしてWCWに変わった時期には、フレアーvsテリーという定番カードを何十回もやっているんです。

――グレート・ムタがブレイクしたときのヒールのトップがテリーですもんね。

斎藤　ベビーフェイス側がフレアーとスティング、ヒール側がテリーとムタで、大御所とニュースターという組み合わせで、フレアーvsテリーとスティングvsムタが同時進行でおこなわれていたという。

斎藤　だから、その後のEWC時代も含めて、テリーがメインイベントのポジションから落ちることは一度もなかったんです。

――復帰後のテリーの日本での活動も「日本メジャーマットでの働き場はなかった」「それでもインディー団体に出ていた」とか、いかにも落ちぶれたように書かれていましたけど、テリーに用意された舞台ってFMWとIWAジャパン、どちらも川崎球場大会のメインイベントですからね。

鹿島　むしろ大成功じゃないですか。

斎藤　どちらも90年代のプロレス史に残るエポックメイキング的な試合です。FMWでの大仁田厚との大一番は、それまでの有刺鉄線電流爆破マッチではなくて、時限爆弾だったでしょ？

――そうです。史上初の時限爆破マッチで川崎球場が満員になりましたからね。

斎藤　IWAジャパンが川崎球場で開催したデスマッチ・トーナメントがまたもの凄くて、あのときテリーは馬に乗って入場してきましたね。そして1日でハードコアな闘いを3試合やって、決勝でカクタス・ジャックことミック・フォーリーに敗れるんですが、あれが54歳のときですよ。あの日、ミック・フォーリーもまたスーパースターになった。80年代のテリーとはまた

違った姿、ヨレヨレ、ボロボロになった姿を隠さずにすべてさらけ出していたのが凄くよかった。老いていくというよりは、年齢を重ねてシブく、シブく、次のステージを歩むテリーを披露してくれました。

――まさにプロレスラーの生き様を見せてくれましたよね。

鹿島　さっきのサンスポのコラムにはいろいろ間違ったワードの使い方があったんですけど、「プロレスラーは死ぬまで現役」も最たるものでした。ボクらにとってはそれがプロレスラーの生き様であるし、それを見るのが当たり前じゃないですか。でも、あのコラムでは凄くネガティブな使い方をされていて。

斎藤　スポーツライターにありがちな根本的な誤りが、なにか他のスポーツとの比較のなかでプロレスを語ろうとすること。いわゆるスポーツのものさしでは測れないことがプロレスをプロレスたらしめている訳ですよね。普通のスポーツを基準にしたら、そもそも変なことだらけなのがプロレスなんだから。

鹿島　ボクらにとっては「プロレスラーは死ぬまで現役なんだよ」って普通に思いますよね。猪木さんだってそうじゃないですか。

斎藤　猪木さんが引退してから亡くなるまで何年？

――25年くらいですね。でも、その25年間もボクらはずっと「プロレスラー・アントニオ猪木」を観続けてきた。アントニオ猪木「さん」でもアントニオ猪木「氏」でもなく。

斎藤　スーツ姿に赤いマフラーの猪木さんしか知らない層、現役時代の猪木さんを知らない層もあるわけです。でもアントニオ猪木はアントニオ猪木です。テリーが亡くなったことで、テリーのことも、プロレスのこともまるでわかっていない人たちが、勉強不足な〝追悼記事〟を無自覚に書いていることが凄く残念だと感じます。

鹿島　テリー引退は、そこまで世間に届いていたってことですよね。なんとなく知っているってことの罪みたいな。下手に知ってるから（笑）。

斎藤　それだって自分の感覚では追っていないでしょう。伝聞の伝聞の伝聞みたいな。

――この手のスポーツ紙コラムとかネット記事って、せいぜい800字くらいだから、どうしても上っ面をなぞっただけで終わりがちだったりもするんですよね。しかも、それが「辛口コラム」を気取ると、バッサリ斬り捨てているようで見識不足を露呈しているだけという。

「レジェンドを取り上げるなら、本当の凄さをあらためて紹介する再評価のほうがずっと有意義ですよ」（鹿島）

斎藤　いろんな人が、それぞれの考えでテリーを語るのはボクはアリだと思うんです。ただ、できた記事はそれを書いた人の感性をあぶりだしちゃうのもたしかなんだ

と思います。

鹿島　本当にそう思います。

――今回みたいなテリー引退・復帰の切り取られ方って、当時のカルチャーでいうとピンク・レディーの語られ方に近い気がするんですよ。

鹿島　たしかに。

――ピンク・レディーって、この手の800字コラムだと「3年間ミリオンを連発した絶頂期に紅白出場を蹴り、アメリカ進出に失敗し人気が急落。最後は寂しく解散しました」みたいに書かれがちじゃないですか。

斎藤　そういうストーリーになってるの？

――多いんですよ。でも当時のアイドルが3年間も絶頂期をやっていたら、どう考えても次の展開が必要になるし、アメリカ進出だって日本ほど売れなかっただけで、ビルボードにチャートインって坂本九さん以来の快挙だったりするんですよね。

斎藤　ボクは留学時代、アメリカでピンク・レディーのTVショーを観ました。英語がペラペラな状態じゃないのにメジャーなネットワークのテレビ番組にもしっかり出ていたし、街でもピンク・レディーのビルボード広告が出ていました。

鹿島　だからアメリカでも日本みたいな売れ方をするのが「成功」って考えている人がいるわけですよね。

斎藤　なんでも日本のものさしでしか論じられない人っていますよね。

鹿島　だから「日本人気質を見誤った」みたいなことを言い出すっていう。

――そういう意味でも、ピンク・レディーが「失敗」って斬り捨てられるのって、今回のテリーの記事と凄く似ているなと思いましたね。

斎藤　テリーが引退・復帰後にWWEやWCWでメインを張ったのと同じように、時間的な経過があって、ピンク・レディーが再結成したときは、まったく衰えを見せずにむしろ進化したパフォーマンスを見せている。ミーさんもケイさんも、いまのファンからも伝説的な存在として崇められ、まさにリビング・レジェンドになった。

鹿島　レジェンドを取り上げるなら、そういう本当の凄さをあらためて紹介する再評価のほうがずっと有意義ですよね。このコーナーでも「知ってるつもり!?」というシリーズをやっていますけど。

――だから、テリーもまた「知ってるつもり!?」案件なのかもしれないですね。ボクらが子どもの頃は「NWAが世界最高峰だ」ということと同じように、ファンク一家の物語というのは、まず最初に勉強することでしたけど。

鹿島　叩き込まれましたね。プロレスファンの基礎教養として（笑）。

――よく考えたらファンクスって全日本、新日本が旗揚げする前の日プロ時代から大物だったから、50年以上前から日本のテレビのゴールデンタイムに出ているんですよね。

鹿島　どんだけ息が長いんだっていう。

斎藤　テリーは1970年に26歳で初来日。最初はNWA世界チャンピオンの兄ドリーのおまけみたいな形でしたけど、翌1971年の2度目の来日では、すでに馬場さんのインター王座に挑戦している。そして同年12月、札幌で馬場&猪木のBI砲の最後の相手としてインタータッグ戦をやって、ファンクスが王座奪取。それが猪木さんにとって旧日本プロレスでの最後の試合になった。日本のプロレスの歴史的な場面にもちゃんと絡んでいるんです。

――無敵のBI砲がついに敗れた相手ですからね。

鹿島　ゼットンみたいな感じですね（笑）。

斎藤　それで1972年10月の全日本プロレス旗揚げシリーズには、テリーは（ドリー・ファンク・）シニアと一緒に来てファンク一家と全日本の関係が本格的に始まって、ドリーもNWA世界王座を明け渡したあと全日本のレギュラーになる。そしてジャンボ（鶴田）さんという、全日本の純粋な大型新人第1号が日本でデビューする前にアマリロのファンクスのところで修行して現地デビュー。当時、ジャンボさんが住んでいた安アパートには、同じくルーキーだったスタン・ハンセンとボブ・バックランドも住んでいた。凄い話なんですよ。全員がのちに世界チャンピオンになる訳ですから。

鹿島　その3人が、鶴田さんが日本から送ってもらった袋入りのインスタントラーメンを分けあったエピソードとかも最高ですよね。

「引き抜き合戦があった1981年当時、テリーはA面の顔はベビーフェイスのトップスターでB面の顔はブッカーだった」（斎藤）

――その物語がその後、めぐりめぐって1981年12月のハンセンが新日本から全日本へ電撃移籍につながるわけですよね。

鹿島　「最強タッグ」の優勝戦で、ブルーザー・ブロディ&ジミー・スヌーカと一緒に、新日本の外国人エースであるハンセンが登場したのは衝撃的でしたけど、それをプロデュースしたというか、陰の仕掛け人がテリーだったわけですね。

斎藤　全日本への移籍を口説いたのはテリーだし、ハンセンのウエスタン・ラリアットを全日本で最初に喰らったのもテリーでした。

鹿島　あの過剰な受けもよかった。場外でのたうち回って、紙テープまみれのミノムシ状態になるという（笑）。

――ハンセンと交渉して引っ張ってきて、どういう登場の仕方がいいかプランニングして、演者として自分でやられちゃうという（笑）。

鹿島　裏回しの帝王ですよね（笑）。こういう人がひとりいると馬場さんも便利ですよ。

斎藤　それはテリーがみんなからリスペクトされているからこそ成立するわけです。

鹿島　そこが凄いんですよ。テリーが言うなら間違いない。悪いようにしないだろうっていう信頼感もあって。

斎藤　70～80年代にかけて、全日本がなぜアメリカ中のテリトリーからメインイベンターたちを次々と呼べたかというと、どんな大物でもテリーさんとドリーさんが電話一本で呼べたからなんですね。

鹿島　全日本のトップスターであり、同時に最高のブッカーでもあったと。

斎藤　70年代半ばから80年代前半まで、新日本はWWEとのパートナーシップから大物外国人を呼んでいたけれど、馬場さんのほうはもっとパーソナルというか、アメリカ中にいるプロモーターと直で電話ができるファンクスと絶対的なコネクションを持つ強みがあった。アメリカのレスラーたちは、ファンクスが日本で高額のギャラをもらっていることを知っていたから、「ファンクスに払えるんだったら俺たちなんか安いもんだろ」という感じで、みんな来たんですね。全日本と新日本の引き抜き合戦があった1981年当時、テリーはA面の顔はベビーフェイスのトップスターで、B面の顔はブッカー。それと同時進行でテネシーではジェリー・ローラーとこれまたプロレス史に残る闘いを演じていたんです。

鹿島　日米プロレス界の表と裏でどんだけ活躍してるんだっていう。

――テネシーでのジェリー・ローラーvsテリー・ファンクは、元祖ハードコアですよね。

斎藤　のちに大仁田厚が初期FMWで展開するストリートファイトマッチとか、有刺鉄線デスマッチのアイデアは、すべてこの時期のテネシーがヒントになっていたんです。リング上で闘うだけじゃなくて会場全体を使って乱闘して、売店でホットドッグ用のケチャップまみれになったり、階段を転げ落ちたり、本部席のテーブルの上でパイルドライバーをやったりとかね。ファイヤーデスマッチの元ネタは、それも大仁田さんが武者修行時代にプエルトリコで目撃したものですが、だいたいのネタはほとんどテネシーですね。

鹿島　凄いな～。

――ノーピープルマッチもローラーvsテリーがやっているんですよね。

斎藤　そうでした。「エンプティ・アリーナ・マッチ」と言って、観客が誰もいない閉め切った会場で試合をやって、カメラだけがまわっているというやつですね。

鹿島　猪木vsマサ斎藤の巌流島より早く無観客をやっていたわけですね。

――テリー・ファンクは直接的にも間接的にも、のちの日本マット界、特にインディーシーンに影響を与えてるんですよね。

斎藤　大仁田さんはテリーをFMWに呼んだけれど、やっぱりテリーがそこに登場してくれたことでFMWという団体のグレードが上がったのだと思います。そして、そのFMWのスピンオフ団体のIWAジャパンの川崎球場大会でおこなわれたデスマッ

チトーナメントでは、カクタス・ジャックという新しいスーパースターが誕生しましたが、やっぱりそこにテリーがいたことが凄く大きかった。

鹿島　テリー・ファンクに勝って優勝というのは、重みが違いますよね。

「歳相応の生き方が愛され、最後まで自分の生き様をさらけ出したところは猪木さんと似ていますよね」（鹿島）

斎藤　テリーはFMWとIWAジャパンという日本のインディーズのグレードを上げたけれど、アメリカでもそれと同じことをやった。WWEとWCWが月曜TV戦争をやっていた90年代後半、ECWが第三の団体として台頭してきたとき、ポール・ヘイメンが自信をもって「レスリングズ・リビング・レジェンド、テリー・ファンク来たる！」と、テリーを生ける伝説、生ける権威としてそこに置いたわけです。そのあたりの経緯は映画『ビヨンド・ザ・マット』でもくわしく描かれています。テリー・ファンクが全面協力したことで、ECWはただ単にデスマッチを売りにしたフィラデルフィアのインディー団体ではなく、ハードコア路線がひとつのムーブメントになって、プロレス思想集団となり、アメリカのプロレス界にレボリューションを起こしていった。そしてECWではサンドマン、トミー・ドリーマー、レイヴェン、もちろんサブゥーやロブ・ヴァン・ダムも含めて、WWEやWCWといったメジャー出身ではない選手たちが、テリーの魔法にかかってECWオリジナルとしてどんどんスターになっていったんです。

鹿島　テリーがいたからこそ、新しいハードコアのムーブメントが起こったというのが凄いですね。

――スタイルは全然違いますけど、新日本プロレス旗揚げのとき、神様カール・ゴッチが全面協力したからこそ、新日ストロングスタイルというものが大きくなっていったのに似ていますね。

鹿島　そうですね。新しいものが始まるのに欠かせないアイコンとして。

斎藤　それでECWの第1回PPV「ベアリー・リーガル」のテーマは、テリーの引退をかけたECW世界ヘビー級選手権。それも映画『ビヨンド・ザ・マット』のクライマックスシーンになっていますが、その頃から「ワン・モア・ナイトをワン・モア・ナイト」と、今日で終わりになってしまうかもしれないけれど、それでも闘い続けた……。

鹿島　全日本だけじゃなく、ECWでも「テリー引退」が大きな〝惹き〟になっていたんですね（笑）。

――でも闘い続けたことで軌道に乗り、ハードコアもプロレス界に定着したという。

鹿島　そう考えると、キャリア晩年になってからのテリーの功績ってあらためて凄いですね。FMW、IWAジャパン、ECW

という日米3大ハードコア団体を盛り立てるのに欠かせない存在だったわけだから。

斎藤　年齢を重ねること、肉体が衰えていくことは決して悲しむべきことではない、という哲学をボクたちに見せてくれたのでしょう。人生は若くて肉体的に元気であることがすべてではなくて、歳を重ねていくこと、たくさんの時間をつかってたくさんの人びとと触れ合うこと。それが人生を豊かにしてくれること、それをプロレスを通じて示してくれた、教えてくれた。そんな感じがします。

鹿島　50歳を過ぎてリングに上がっているのが決してアンチエイジングではなく、歳相応の生き方が愛されたわけですよね。

斎藤　現実をさらけ出して生きていた。テリーがムーンサルトをやり始めたのは50歳を過ぎてからだった。それも決して華麗ではない不恰好なムーンサルトなんだけど、歳を重ねてボロボロになりながらもチャレンジする、その姿に心が震えました。

鹿島　そこも猪木さんに似ていますよね。最後まで自分の生き様をさらけ出すという。

斎藤　猪木さんが亡くなられてからちょうど1年でテリーは亡くなって、テリーのほうが歳はひとつ下だから同じ79歳で旅立った。

——猪木さんとテリーは、プロレス界に巨大な影響を与えた日米二大巨頭って感じがしますね。

斎藤　大きな影響を与えたし、日本でいちばん愛された外国人レスラーは誰がなんといおうとテリー・ファンクです。もちろん、日本でチャンピオンベルトを腰に巻いた、名勝負を残した外国人レスラーはほかにもいますが、誰がいちばん日本のプロレスファンに愛されたか、誰がいちばん日本のプロレスファンと深く、そして熱く関わったかといったら、それはまちがいなくテリー・ファンクです。

斎藤文彦
1962年1月1日生まれ、東京都杉並区出身。プロレスライター、コラムニスト、大学講師。アメリカミネソタ州オーガズバーグ大学教養学部卒、早稲田大学大学院スポーツ科学学術院スポーツ科学研究科修士課程修了、筑波大学大学院人間総合科学研究科体育科学専攻博士後期課程満期。プロレスラーの海外武者修行に憧れ17歳で渡米して1981年より取材活動をスタート。『週刊プロレス』では創刊時から執筆。近著に『プロレス入門』『プロレス入門II』(いずれもビジネス社)、『フミ・サイトーのアメリカン・プロレス講座』(電波社)、『昭和プロレス正史 上下巻』(イースト・プレス)などがある。

プチ鹿島
1970年5月23日生まれ、長野県千曲市出身。お笑い芸人、コラムニスト。大阪芸術大学卒業後、芸人活動を開始。時事ネタと見立てを得意とする芸風で、新聞、雑誌などを多数寄稿する。TBSラジオ『東京ポッド許可局』『荒川強啓 デイ・キャッチ！』出演、テレビ朝日系『サンデーステーション』にレギュラー出演中。著書に『うそ社説』『うそ社説2』(いずれもボイジャー)、『教養としてのプロレス』(双葉文庫)、『芸人式新聞の読み方』(幻冬舎)、『プロレスを見れば世の中がわかる』(宝島社)などがある。本誌でも人気コラム『俺の人生にも、一度くらい幸せなコラムがあってもいい。』を連載中。

nWo

鈴木みのるのふたり言

第122回

特殊なパスポート

構成・堀江ガンツ

――今回は9・18「新幹線プロレス」（鈴木みのるvs高木三四郎）について聞きたかったんですけど、締め切りに間に合わないいんですよね。

鈴木　それはしょうがない。「新幹線プロレス」は観に来るの？

――普通の取材と違って、指定車両の「のぞみ」指定券を買わなきゃいけないんですよね。おもしろそうだから自腹で購入して行こうと思ったんですけど、「新幹線プロレス」がおこなわれる車両のチケットは瞬殺だったらしく購入できませんでした。

鈴木　じゃあ、ＰＰＶを買ってください。本当は世界に生配信したかったらしいんだけど、トンネルが多くてどうしても途中で何回かインターネット回線が切れるから、生はできないらしいけど。

――そういう、ほかでは考えられない制約があるんですね（笑）。

鈴木　まあ、どうなるか楽しみだよ。

――9月頭には北海道のキャンプ場でプロレスをやってきたばかりですけど、今回の「新幹線プロレス」を含めて、「どんな相手とどんなシチュエーションでも闘える」っていうのが、いまのプロレスラー・鈴木みのるの信条ですよね。

鈴木　そうだね。最近ふと気づいてしまったことがあって。いま俺は新日本で試合をしながら全日本にも上がったり、アメリカやヨーロッパ、オーストラリアなんかで闘ったりもしている。かと思えば、このまえは北海道の山奥のキャンプ場でやったり、ちっちゃいインディーやお祭りプロレスなんかにも出てる。これって、やりたいと思ってもなかなかできることじゃなくて、もしかしたら世界で俺だけが特殊なパスポートを

持っているんじゃないかって気がするんだよ。

――プロレスがあるところならどこでも行ける、不思議なパスポート（笑）。

鈴木　世界のどんな有名選手だって、これだけ幅広いオファーはなかなかないだろうし。新日本に出ながら並行して全日本にも出て、さらに小さな団体にも出ていくっていうのも俺くらい。なんか凄く自由にやらせてもらってるね。

――不思議なのは、もともと鈴木さんはU系の選手で、パンクラスというプロレスとは一線を画した団体に長く所属して、プロレスに復帰してからもしばらくはそういうスタイルを求められたので、本来は〝幅〟が凄く狭かったはずですよね。

鈴木　それを解放したんだよね。俺はデビュー1年足らずで新日本からUWFに移籍して以降、格闘技方面の先端に向かって走って行って、20代後半で「もう引退かな……」って一度は思ったんだけど。そのときにパッと振り返ったら、じつはうしろに広大なプロレスの世界が広がっていて、「俺はここで終わるのは嫌だ」と思って戻ったんだよね。ただ、最初はよくわからずにプロレスの世界に戻ってきたから、自分の幅をどう広げていいかもわからなかったんだけど。最初にきっかけをくれたのは菊タローけど。最初にきっかけをくれたのは菊タロー、当時のえべっさんだったんだよ。

――（2004年8月4日に）新日本の後楽園でえべっさんとやった試合ですね。

鈴木　あれは新日本から「えべっさんと試合してみませんか？」っていう話が来て、そこで〝自称・世界新記録〟の試合時間1秒で勝利っていうのをやったとき、「あれ？俺が触りたかったのはこういう世界だったのかな？」と思ったんだよ。だから、きっかけはそこだったかもしれないね。

――そこで何かに目覚めてしまったと。

鈴木　その後、高山（善廣）が「鈴木さん、ノアに行こうよ」「三沢光晴の世界に一緒に触れに行こうよ」って言ってくれて、そこでジャイアント馬場さんの流れを汲む世界に触れることができて、途中で丸藤（正道）と一緒に初めてプロレスで海外遠征に行くこともできて、どんどん世界が広がっていった。さらに武藤全日本に行って俺が三冠チャンピオンになったら、今度はNOSAWA論外がおもしろがって、風香とシングルマッチを組んだんだよ（2006年11・8『NOSAWA GENOME』新木場1stリング）。

――風香さんは、当時いちばんのアイドルレスラーですよね。

鈴木　まだスターダムができる前じゃないかな。その風香との試合が東スポの一面になって、どんどん広がっていったよね。同じ頃にメカマミーとの試合があったりして。

――あれも伝説の試合ですよね（笑）。以前、高木さんにインタビューしたとき、「メカマミー戦の前は『世界観を壊されたらたまったもんじゃない』と思っていたけれど、メカマミー戦をやったあとは『この人の感性は凄い』と思って、『マッスル』が行き詰まっていたとき、鈴木さんに出場をお願いした」って言っていました。

鈴木　それ以前に三四郎とマッスル坂井が、たまたま上井ステーションを観に来てたんだよ。そこで俺は高瀬大樹のプロレスデビュー戦の相手をしたんだけど、その試合を観たアイツらが「プロレスが何もできない高瀬を相手に、あのクオリティの試合にできる鈴木みのるっていうのは何者だ？」っ

て思ったところから始まったらしい。普通だったらグダグダの試合で終わってしまうのに、ちゃんと形になってたってことで。アイツらは半分裏方みたいなものじゃん。

――まあ、そうですね（笑）。

鈴木　たぶん裏方目線で観ていたんだろうけどね。それでアイツらが声をかけてきたんだよ。「『マッスル』に出ませんか？」って。『マッスル』はプロレスではないんだけど、「プロレスではない」っていうこと自体、すべてがファンタジーで虚実のわからない世界を俺が作りたいっていうところから始まったのが、あの『マッスル』参戦だね。

――『マッスル』は「〝作り物〟です。台本のある〝演劇〟です」って公言しているのに、鈴木さんが出た『マッスルハウス4』（2007年5・4後楽園ホール）はドキュメンタリーみたいになってましたもんね。

鈴木　あれで坂井が「これ以上のものを作る自信がない」ってなって、『マッスル』は1回落ちたんだよ（笑）。

――袋小路にハマッて、1回引退しちゃいましたもんね（笑）。

鈴木　だから『マッスル』も含めたいろんなものが重なって、俺のなかで境界線がなくなっていった。ただ、俺自身に境界線がなくなっても、オファーする側に俺に対する壁があったらそこには出られないんだけど、どんどんそこを通れるようになったんだよ。世の中にはありとあらゆる世界観のプロレスが存在しているけど、いつの間にかそのなかを自由に行き来できる唯一のパスポートを俺は手にしてるって気づいたんだよね。「あっ、これができるのは俺だけじゃん」って。

――鈴木さん自身が団体によってスタイルを変えているわけじゃないのに。

鈴木　どこに出ても誰が相手でもやってることは一緒だよ。殴って、蹴って、絞めて、パイルドライバー、以上です。そのボーダーレスのごちゃまぜな世界観をひとつのところに集めたのが、5年前にやった『大海賊祭』だった気がするね。

――なるほど。鈴木みのるの幅広い世界観をひとつのイベントとして表現したという。

鈴木　横浜赤レンガ倉庫という重要文化財の敷地にリングを置いて、そこに俺とオカダ・カズチカが立っていて、なおかつレフェリーは和田京平。こんなボーダーレスな世界観はなかなかないよね。俺と同じようなことをやりたいと思っているヤツもたくさんいるんだろうけど、結局は猿真似というか、〝上〟にもたどり着かない、〝端っこ〟にもたどり着かない、そんなのが多いよ。

――高木三四郎さんとは東京ドームで対戦したこともありますよね。東京ドームのリングではなく、ドームのグラウンドと客席で（笑）。

鈴木　あったね。あとは両国国技館の施設内を使ってのエニウェア・フォールマッチをやったこともある。観客は国技館の客席から、どっか見えないところで闘ってる俺たちをビジョンからの中継で観るっていう（笑）。

――東京ドームのときは、最後はホームベースの上にパイルドライバーでしたっけ？ 1塁〜3塁のベースはやわらかいけど、ホームベースだけは硬いっていう理にかなった技で（笑）。

鈴木　グラウンドで脇固めを極めたときに三四郎が一塁ベースをタッチしたら、「ブレイク・アンド・セーフ！」ってレフェリー

に言われたんだよ。「セーフってなんだよ！」って、もう意味がわかんないっていうね（笑）。

——だいたい、なんでベースにタッチしたらロープブレイクと同じ意味になるのか、という（笑）。

鈴木　その不思議な世界観がいいんだよな。観たものを受け入れるのもプロレスだから。

——プロレスって、ここ30年でいろんなスタイルが出尽くしたようにも感じますけど、今回の「新幹線プロレス」は、とりあえず観たことがないものが観られそうってことで、思わずPPVも買いたくなりますね。

鈴木　三四郎の狙いもそこだろうからね。そもそもはJR東海が新幹線の車両貸切で販売を開始するっていうニュースから、三四郎が「ここでプロレスができないか」って企画して、JR東海に応募したらしいんだよ。ところが担当者と話をしてみると、非常に制約が多いと。

——まあ、そりゃそうでしょうね。新幹線車内での〝暴力〟なんて、そもそも厳禁でしょうから（笑）。

鈴木　しかも他の車両には一般のお客さんも乗ってるわけだから。車内を汚しちゃダメだし、壊しかねない動きはダメだし、凶器を持ち込むなんてもってのほかだし。その厳しい状況のなかで三四郎は「これ、相手は鈴木みのるしかいないな」って思ったらしいんだよね。そのアンテナに引っかかるっていうのはありがたいよ。

——望むところだと。

鈴木　というか、「おまえ、無人島はどうなったんだよ？」っていう気持ちもありつつ。

——そういえば、東京ドームのグラウンドで試合したあと、「次、闘うときは無人島だ！」みたいな話がありましたね（笑）。

鈴木　無人島もいつかかならずやるよ。新幹線でやったあとは、次は無人島だな。

——今回の新幹線プロレスは、制約が多いというのもまた逆に売りになってるというか、話題になっていますよね。

鈴木　制約は多いけど、俺は何も制約を受けてない。殴って、蹴って、関節を極めて、パイルドライバーだから。車両を汚しもしなければ、壊しもしないし、普段と同じことができる。それこそパンクラスだって厳しいルールなわけじゃん。新幹線だろうがどこだろうが変わんねえなと思って。

——新幹線プロレスと格闘技で、闘い方に差がないのも凄いですね（笑）。

鈴木　逆に制約を取っ払ったエニウェア・フォールマッチとか、ノーDQマッチというデスマッチまがいのことをやったりもするけど、そこでも闘い方は基本的に変わらないからね。何か、俺だけの〝最大公約数〟という核になる部分を手にしていることで、なんでもできる気がするね。

——それが新幹線のなかだろうが、山のなかだろうが、東京ドームだろうが、やることは変わらないと。

鈴木　そうだね。で、「新幹線プロレス」の翌日は、身長145センチくらいのファンタジーな世界の駿河メイちゃんと試合をするんだからね（笑）。ただ、練習も試合にかける気持ちも特別なものはひとつもなくて、すべてがいつも通りというか。もう、やれない相手はいないんじゃないかなと思ってる。

——では「新幹線プロレス」や駿河メイちゃんとの試合がどうだったかは、また次回あらためて聞かせてください！

phil urso
ELVIS
TENOR MADNESS

ella&louis
The Teenagers
Frankie Lymon
PICTURE
chet baker · art p
carl perkins · curtis cou

HENTAIZADANKAI

玉袋筋太郎の変態座談会

TAMABUKURO SUJITARO

“過激な喋り屋”

ICHIRO FURUTACHI

古舘伊知郎

**“闘いのワンダーランド”の最重要人物!!
この人がいたからこそプロレスが眩しく
先生も知らない難しい日本語も覚えた
過激実況よ、古舘節よ、そして猪木病よ!!**

収録日:2023年9月11日 撮影:タイコウクニヨシ 写真:原悦生 構成:堀江ガンツ
収録場所:HOFF(東京都渋谷区初台2-11-11)

[変態座談会出席者プロフィール]
玉袋筋太郎(1967年・東京都出身の56歳/お笑い芸人/全日本スナック連盟会長)
椎名基樹(1968年・静岡県出身の55歳/構成作家/本誌でコラム連載中)
堀江ガンツ(1973年・栃木県出身の50歳/プロレス・格闘技ライター/変態座談会主宰者)
[スペシャルゲスト]古舘伊知郎(ふるたち・いちろう)
1954年12月7日生まれ、東京都北区出身。フリーアナウンサー。古舘プロジェクト所属。立教大学を卒業後、1977年にテレビ朝日にアナウンサーとして入社。同年7月に新日本プロレスの実況中継番組『ワールドプロレスリング』担当に配属され、8月19日放送の越谷市体育館での長州力VSエル・ゴリアス戦で実況デビューを果たす。以降は「過激実況」「古舘節」と形容されたハイテンポな語り口と独特な言い回しで絶大な人気を誇り、アントニオ猪木および新日本プロレスの黄金期を支える。1984年6月にテレビ朝日を退社してフリーアナウンサーに転身。1987年3月に『ワールドプロレスリング』の実況を勇退する。1989年からフジテレビのF1放送や競輪における特別競輪(GI)決勝戦の実況中継などで人気を博し、『夜のヒットスタジオDELUXE』や『NHK紅白歌合戦』の司会を3年連続で務めるなど司会者としても異彩を放ち、NHKと民放キー局5社ですべてレギュラー番組を持つこととなる。2004年4月より『報道ステーション』のメインキャスターを12年間務め、現在も自由なしゃべり手として活躍し続けている。

The Best

「いまのスポーツ実況アナに徒弟制度はないけど、昭和の時代は『先輩から芸を盗め』という芸人さんと同じスタイルだった」（古舘）

ガンツ　玉さん、今回は満を持して我々変態が敬愛してやまないスペシャルなゲストにお越しいただきました！

玉袋　最高だよ！　古舘さん、今日はよろしくお願いします！

古舘　こちらこそ、よろしく。（『KAMINOGE』前号を手に取って）原悦生も出てるんだ。

ガンツ　前号にインタビューで出ていただいたんですよ。

古舘　原悦生とはこのまえ、一緒に飲みましたよ。彼は歳が1コ下で、ボクがプロレス実況の薫陶を受けた舟橋慶一さん（『ワールドプロレスリング』初代実況アナ）の地元の後輩なんですよ。だから若い頃、舟橋さんのカバンを交互に持っていたんです。

玉袋　うわー、いいっスね～。舟橋さんはこの座談会シリーズにも一度出ていただいて、「俺が古舘を育てた」って言ってました（笑）。

古舘　でも、それは事実ですよ。ボクはあの人のカバン持ちから始めたので。いまのスポーツ実況アナに徒弟制度はないですけど、昭和の時代は「先輩から芸を盗め」という芸人さんと同じスタイルだったんです。だから報道アナと違ってスポーツ実況アナの配属になると、先輩のお付きでカバンを持って、飲み屋でもなんでもその人が帰るまでは最後までいる。それは決まりだったんですよね。

玉袋　古舘さんの下の人もそれをやっていたんですか？

古舘　ボクがメインでやらせていただいている頃は、だんだんと徒弟制度は薄れてきていましたね。民主化が進んで。

椎名　民主化前の最後の世代なんですね（笑）。

玉袋　古舘さんは、テレ朝がモスクワオリンピック（1980年）を放送するために採用されたのに、そのオリンピックが頓挫しちゃったんですよね。

古舘　いや、結果的には放送を強行したんですよ。モスクワオリンピックは1979年12月に旧ソ連がアフガニスタン侵攻したことでアメリカがボイコットして、日本を含めた西側諸国もほとんどがボイコットで、ほぼ旧ソ連圏だけで開催したんです。だから異常な中継だった。

椎名　日本がボイコットしても中継はしたんですね。

玉袋　あのとき、テレ朝の独占放送ですよね？

古舘　NHKや他の民放を差し置いて、テレ朝だけの独占ですよ。あの頃、民放は「三強一弱一番外地」って言われた時代。「番外地」は東京12チャンネル（テレ東）ですけど、後発のテレ朝は「一弱」だったんですよ。そういう局がオリン

ピックを独占するって尋常じゃないんだけど、朝日新聞からテレ朝に来た三浦甲子二さんがロシア利権を持っていたんで強引に取っちゃったんです。

椎名 ロシア利権（笑）。前田日明みたいですね。

玉袋 もしくは（鈴木）宗男だな。

古舘 それ以上ですよ。もう業界では大ひんしゅくだったと思うんですけど、とにかく取っちゃったんで意気揚々としていたんですよ。そうしたら、いきなりソ連のアフガン侵攻で西側はボイコットで、ほぼ東欧とソ連圏だけの開催になったんだけど、それを日本のゴールデンタイムで毎日放送したんです。視聴率ゼロですよね。しかも、モスクワのスタジオから中継したメイン司会が総務課長ですよ。おかしいでしょ？

玉袋 なんで総務課長なんですか!?

古舘 オリンピックのメイン司会だったら、普通は各局のスターアナが担当するんですよ。たとえば日テレだと当時は徳光（和夫）さん、TBSなら久米（宏）さん、フジテレビなら露木（茂）さんとか、そういう看板アナがやるんだけど、テレ朝って地味だったからそういう人がいなかったんです。それで仕方なく、舟橋さんと同期の元スポーツ実況アナで総務課長になられていた人が、上層部から「おまえがやれ」って言われて担当したんだけど、やっぱりカタいんですよね。

椎名 アナウンサーは卒業した総務課長ですもんね（笑）。

古舘 中継では、一度アナウンスから退かれた人のワンショットで始まって、「モスクワより生中継でお届けします。それではモスクワオリンピック記念プール、男子自由形決勝の模様を東出アナウンサーどうぞ」って言ったら、東出アナウンサーが「いよいよ決勝の日を迎えました。第1レーンから第8レーンまですべて東独の選手です」って。

玉袋 ワハハハハ！　それ東独の国内予選ですよ！（笑）。

古舘 全然おもしろくないんですよ。全部東独。しかもドーピングを打ちまくってるからみんなめちゃくちゃ速いんですよ。

ガンツ 東ドイツは国策でドーピングしていた時代ですもんね（笑）。

古舘 そんな時代でした。

玉袋 おもしれえな〜。今日は古舘さんのそういう話が聞けて最高ですよ。

『喋り屋いちろう』を読ませていただいたら古舘さんは幼い頃は吃音だったと。無口だったっていうのが信じられない」（玉袋）

古舘 いや、俺も楽しみにして来たんだから。玉ちゃんの『町中華で飲ろうぜ』（BS-TBS）をよく観させてもらっているんだけど、たとえば両国ロケだと横綱通りのさらに横

道に入って行ったりする。もう、ああいうのを見ると昭和の人間は自分も一緒に行って飲んでいるような最高の気分になるんですよ。

玉袋 ありがとうございます！ 古舘さんにそう言っていただけるとうれしいですね。

古舘 浅草の六区あたりのロケの回では、勝手知ったる感じで歩いている地元感が異常なんですよ。「あそこのババアのところに顔を出してみっか」みたいな感じで本当にフラッと入って行って。普通は「おばちゃん、元気？」とかじゃないですか？ 「懐かしいな。ビールでももらおうか」って、そんなレベルじゃない。ツカツカって奥の小上がりまで入って行って、「まあ、キリンの大からだな」ってキリンの大瓶を頼んで、そのときの手酌が慣れてる。胡座に片膝立てて片手で大瓶持ってコップに注ぐっていうね。もうビールの大瓶でいちばん美味しい飲み方だろうって。あれは抜群でしたね。

玉袋 土方流ですから（笑）。

古舘 ボクなんか東京の下町育ちで、夏場、大人たちは水道の蛇口をひねってそのまま口で飲むことを「鉄管ビールだ」って言っていたんですよ。玉ちゃんのああいう番組を観ていると、小さい頃の記憶がガーッとよみがえってくるんですよね。

椎名 古舘さんと玉さんは江戸っ子同士ですよね。

古舘 玉ちゃんは西新宿ですよね？ ボクは江戸っ子とは言えないですよ。北区とはいえだいぶ外れなんで。

椎名 でも、喋りが東京弁ですよ。

玉袋 今回出た古舘さんの自伝的小説『喋り屋いちろう』（集英社）を読ませていただいたら、幼い頃は吃音だったっていう。そこに驚いちゃって。

古舘 そこは小説なんで若干作ってるんですよ。ボクぐらいで吃音と言ってたら、本当の吃音の人に申し訳ないんですけど、実際は吃音の手前ぐらいの無口だったんです。

玉袋 無口っていうのが信じられないっスよ。

古舘 家族は全員おしゃべりなんだけど、俺は引っ込み思案とか言われていたから。小学校の同窓会に行っても、「本当に印象ないよな」って言われるくらいで。

椎名 いちばん目立ってそうですけどね。

古舘 高校ぐらいから自分がしゃべれるって気づいていくんですよ。高校でプロレス大会を開いて、ボクが実況をやったりして。

玉袋 古舘さんの実況でできるなんて、最高にぜいたくなプロレスごっこだよ（笑）。

椎名 のちの「ひょうきんプロレス」につながるような（笑）。

玉袋 ウチの師匠が「ジャマモトコタツ」として解説やってたな。

古舘　高校でやったプロレスは、本当に流血戦までやっていましたからね。プロレス好きが集まっているので、ボールペンを凶器にして、額を斜めにスパッと浅く切ると鮮血がほとばしる要領もわかってる。

ガンツ　〝流血の魔術〟をすでにわかっていたんですね（笑）。

古舘　それで実況したらバカウケして、まわりから「おまえ、喋りがおもしろい」って言われた感動で、身体が爆発しそうになったのは憶えているんです。そこからですよ、アナウンサーを目指したのは。

椎名　本当にプロレス実況で才能が目覚めたんですね。

玉袋　無口だった少年時代、テレビはどんな番組を観て育ったんですか？

古舘　物心ついた幼稚園ぐらいのときに家にテレビがやってきて、その後、固定電話がやってくるんですよ。玄関の下駄箱の上に固定電話を置いて。

椎名　テレビのほうが先なんですね。

古舘　テレビはもちろんモノクロで、金曜夜8時はウォルト・ディズニーと力道山時代の『三菱ダイヤモンド・アワー日本プロレス中継』を週替わりで放送していた。

玉袋　その頃から観ているんですね。

古舘　だからプロレスはずっと好きなんだけど、あとは『シャボン玉ホリデー』や『ザ・ヒットパレード』をテレビにかじりついて観ていましたね。ちょうど映画『ＡＬＷＡＹＳ 三丁目の夕日』の世界そのまま。狭い茶の間に丸いちゃぶ台があって、テレビにはアンテナが付いていて、画像が乱れたらテレビの横っ腹をパーンと叩くと本当に直るんだから。アナログっていい時代だったなと思って。

「猪木さんはセンスとやわらかさ。筋肉だけじゃなくて関節もやわらかかったから色気がある試合ができたんです」（古舘）

玉袋　俺もテレビっ子だったからテレビばっかり観てたんだけど、あんまり観すぎるもんだから、お母さんがチャンネルのダイヤルを引っこ抜いちゃって、ＮＨＫしか観られないようにしたりしてさ。そうするとこっちは、ドライバーでガチャガチャ回したりしてよ。

古舘　俺なんか玉ちゃんの１コ前の世代だから、母親から「チャンネルは右側にゆっくり回せ」って言われてたの。左側にハイスピードで回すと、テレビが壊れるって。あとは「画面の１メートル以内に近づくと放射能を浴びちゃうよ」って。

椎名　放射能!?（笑）。

古舘　ウチだけじゃなくて、そう言われていたんだから。当時は「都市伝説」や「陰謀論」なんて言葉はないので、信じ

てましたからね。いま思うと放射能じゃなくて電磁波なんだけど。ボクが生まれた1950年は第五福竜丸が水爆実験によって被曝した事件があったりして、ボクより上のベビーブーム世代は白血病になった人がけっこういたんですよ。原因の裏は完全に取れてないんですけど、風に乗って来た説なんかがあって、当時は放射能がいちばん怖いものだったんです。それもあって、「テレビに1メートル以内に近づくと放射能で目が潰れる」って言われていたんですよ。

玉袋　テレビって危険な機械だったんだな〜（笑）。

古舘　でも、おばあちゃんの家に行ったときなんか、『アップダウンクイズ』とか人気番組が始まると全員座布団を持ち出して、2階にいる親戚に「始まるよ！」って声かけて、みんなで電気を暗くして観たんだから。これぞホームシアターのはしり！

椎名　感覚は映画館と一緒だから、電気を消すんですね。

玉袋　でも当時はまだ日本映画が全盛で、テレビは電気紙芝居みたいな扱いをされていた時代ですよね。

古舘　まさにそうです。

玉袋　そっからテレビがひっくり返していく時代を古舘さんは見てたっていう。

古舘　テレビという新しいメディアがアメリカからやってきて、最初はテレビのディレクターもみんな不得手の人たちだから、放送作家、構成作家が売れたんですよ。野坂昭如さん、野末陳平さん、永六輔さん、大橋巨泉さん、前田武彦さん、こういう放送作家と言われる人たちがどんどんテレビに出て、司会をやる人と番組を作る人の境目が業界になかったんです。そういう天才たちがテレビをおもしろくしていった。いまではありえない昭和の憧憬ですよね。

ガンツ　でも作り手としてもメインを張るというのは、アントニオ猪木もそうですよね。

古舘　本当にそうだ。プロデュースする側であり、最高の演者でもあったのがアントニオ猪木ですね。猪木さんは筋肉がやわらかいだけじゃなく、関節もやわらかかったんですよね。だから自分のプロデュース通りに相手にやられるのもうまかった。だから色気がある試合ができたんですよ。センスとやわらかさなんです。

玉袋　猪木さん自身の魅力もすげえんだけど、相手もピッカピカに光らせるんだよな〜。

古舘　だって、ヒロ・マツダが「猪木は竹ぼうきが相手でも名勝負を作れる」って言ったくらいだから。もしかしたら、本当にやれるんじゃないかって。

玉袋　タッキー（滝沢秀明）とも名勝負をしたぐらいだもんな〜。

古舘　アントニオ猪木は、相手が6の力しかなくても8の力

に引き上げて、10の力で仕留める。技を受けて受けて鉄拳制裁、弓を引くナックルパートで反撃していったんだけど、国立競技場での浅草キッドへのビンタはいきなり強めでいったよね（笑）。

玉袋　国立競技場でやった『Dynamite!』（2002年8月28日）で、猪木さんがスカイダイビングをやらされてパラシュートで降りてきたあと、溜まりに溜まった怒りをなぜか水道橋博士にバシーンってぶつけたというね（笑）。

古舘　俺、あのときは実況で現場にいましたから。終わったあと、「なんで浅草キッドを殴ったんですか？　べつに彼らは何も悪くないじゃないですか。ボクがやっている『おしゃれカンケイ』とかにもあのふたりは来てくれたんですよ」って言ったら、「エヘヘヘ」って照れ笑いで逃げましたからね（笑）。

玉袋　でも、あのアントンスマイルを見せられると、みんなやられちゃうんですよ。リング上での怒りのアントニオ猪木と、リングを降りてからの最高の笑顔のギャップがたまらない。

古舘　そういえば、（水道橋）博士は体調を崩していたみたいだけど、いまはもういいですか？

玉袋　やっとよくなってきたみたいなんだけど、よすぎるとダメなんですよ。ちょうどいいぐらいでいればいいのに、200％か0％、下手したらマイナスになっちゃう。

古舘　博士が元気なときに接点があったんですよ。2年前の6月26日だったかな。猪木vsアリ戦45周年かなんかのトークイベントで呼ばれたんですよ。あのときも急に電話がかかってきて、「古舘さんだからなんでも言えます。とにかく6月26日に来てください！」って。直前ですよ？　でも、たまたま予定が空いていたし、猪木さんが闘病のピークでいつ亡くなるかわからないときだったので、猪木さんのためにも行きたいと思って。

「人生には予告編があって、ちゃんと伏線が張られている。じゃあ、第二の猪木病感染はアナウンサーになってからだ」（玉袋）

椎名　なんで古舘さんへのオファーが直前だったんですか？　そんなの前々から頼んでおけばいいのに。

古舘　いや、村松友視さんが『アリと猪木のものがたり』（河出書房出版）という本を書いたばかりだったから、最初は村松さんをブッキングしていたらしいんだけど、コロナワクチンの予防接種の予定が入ってドタキャンになったんですよ。そうしたら村松さんが「自分が行けない以上は、古舘さんしかいない」ってわけのわからないことを言っていたらしくて。

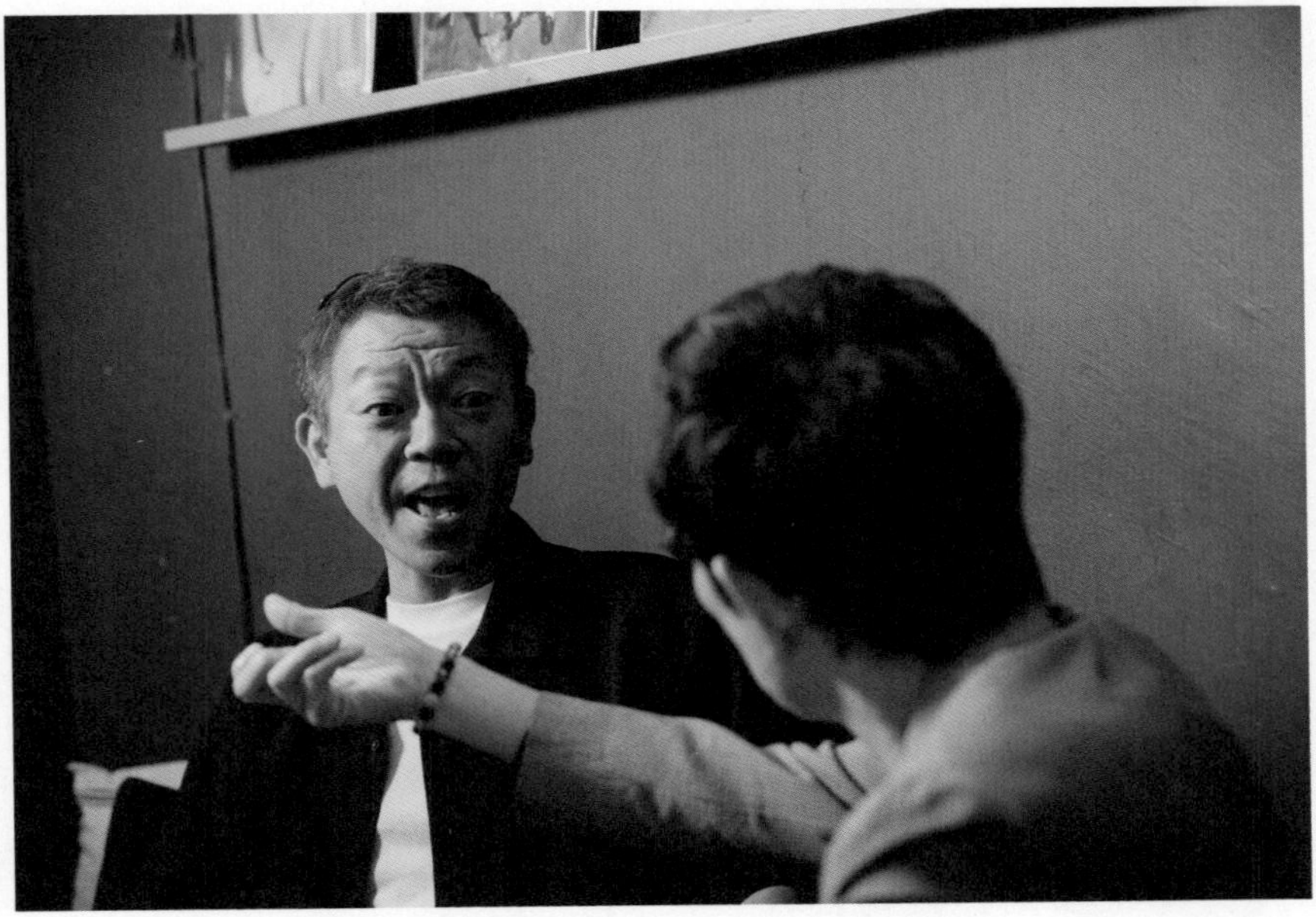

ガンツ　なぜか直々のご指名がかかって（笑）。

古舘　それでOKの返事を出したら、出演者のターザン山本が「古舘伊知郎が阿佐ヶ谷のトークライブにくるらしいな。狙いはアイツの首ひとつ！」とか言ってるYouTube動画をあげていたんですよ。お約束だってわかりますけど、首を狙われる意味がわからない。

玉袋　あれは常に意味がわからないから！

古舘　それで当日楽屋に行って、「あの動画はなんなの？」ってターザンさんに言ったら、「古舘さん、ご無沙汰してます」って、なんの挑発もない。

玉袋　ワハハハハ！　面と向かったら「よろしくお願いします」ってな。

古舘　でもイベントはおもしろかったですけどね。プロレス関係者って、俺も含めて頭がおかしい。みんな猪木病だから。

玉袋　いいな〜、猪木病。不治の病だよ（笑）。

ガンツ　古舘さんが猪木病にかかり始めたのはいつからなんですか？

古舘　第一の猪木病に感染したのは小学校6年です。小学6年の夏に叔父さんと日本プロレスの『サマーファイトシリーズ第2弾』を観に行って、メインが〝メキシコの巨象〟ジェス・オルテガとジャイアント馬場のシングルマッチ。セミファイナルが猪木&吉村道明とアントニオ・プグリシー&

マーク・ルーインの〝4人タッグマッチ〟。当時は6人タッグも多かったから、4人タッグマッチと呼んでいた。

椎名 馬場がエース、猪木がナンバー2の時代から観ているんですね。

古舘 あの日、リングサイド15列目くらいの席で観ていたんだけど、セミで黄色いショートタイツのアントニオ猪木のタッグマッチが終わり、メインはジェス・オルテガの反則攻撃で馬場さんがコーナーに追い詰められて大流血させられた。そこに猪木がおっとり刀で駆けつけてジェス・オルテガを蹴散らして、馬場さんを救出して、本部席のマイクを奪うとエプロンの上から俺のほうに向かって、「明日の川崎に来い！」って叫んだんですよ。そのとき、子供心に「俺に向けて言ってる」と思ってね。「猪木が俺の目を見て、俺に声をかけた。これは行かなきゃいけない！」って。

椎名 そう思い込んじゃったんですね（笑）。

古舘 結局、叔父さんの仕事もあるから2日連チャンで行こうとは言えずに行けなかったんだけど。それから月日が流れてテレビ朝日に入社して、アナウンス研修で猪木さんに初めて猪木さんにインタビューしたのが川崎市体育館。あのとき、「あれは人生の予告編だったんだ」って思いましたよ。

玉袋 人生の予告編ってあるんですよね。伏線がちゃんと張られてるんだよ。

古舘 あの小6の夏が第一の猪木病感染ですよ。その川崎市体育館での初インタビューはドキドキしちゃって、「小学6年のとき、猪木さんに『川崎に来い』って言われたので今日来ました」って言っても意味がわからないと思ったから、「今朝、何を食べましたか？」なんてどうでもいい質問をしちゃってね。猪木さんは「スパゲティとコーヒー」って真面目に答えてくれたんだけど、そんなどうでもいい質問のダサいインタビューになったことが、その後、自分の中では「アナウンサーをがんばるぞ」と思う原動力にもなったんですよ。きっと、一発目で猪木さんと盛り上がるインタビューができていたら、調子こいてたと思うんですよ。落第生だったんで、そこからがんばるしかなかった。

玉袋 古舘さんの第二の猪木病感染はアナウンサーになってからですか？

古舘 そこから〝重症化〟するんですよ。ボクが新人アナで舟橋さんに付いて、実況デビューしたぐらいのときだったかな？ 新日の地方巡業はリング設営が終わったあと、昼間の15、16時くらいには練習が始まるから、まずそこに挨拶に行って練習風景を取材させてもらうんだけど、「お疲れ様です！」って言うと、かならずストロング小林さんが股間を触ってくるという儀式があるんですよ。

玉袋 儀式！ 通過儀礼というかね（笑）。

古舘　男ってふざけて股間を触るじゃないですか？　しばらくすると俺も慣れてきて、自分から小林さんのところに行って「お疲れさまです」って言いながら股間を突き出してましたから。あの人もいい人ですよ。

椎名　いい人でしたか（笑）。

「映画のワンシーンごとに監督の意図があるように、猪木さんの試合中の動きにもすべてプロデューサーとしての意図があると」（ガンツ）

古舘　それである日、広島かどこかの体育館でいつものように小林さんに5秒くらい股間を触られているとき、うしろから猪木さんの「奮い立て！」っていう声が聞こえてきた。振り返ったら、練習中で汗だくの猪木さんがリング上でロープにもたれかかりながら、笑顔で「もう1回、奮い立て！」って言うんですよ。一瞬なんのことかと思ったら「奮い立て」っていうのは「古舘」のダジャレなんですよ。

椎名　かなり苦しいですけどね（笑）。

玉袋　プロレスでは受けの達人だけど、受け身が取りづらいダジャレを言ってくるからね。

古舘　でも「古舘」を「奮い立て」ってダジャレで言ったということは、俺の名前を憶えてくれたってことだからジーンと来ちゃってね。「猪木さんに認知された！」って、そっからはさらに重度の猪木病ですよ。

玉袋　でもストロング小林さんの〝性加害〟は、こうやって明るくしゃべれるからいいですね（笑）。

古舘　傷つかない性加害。元気になったわけだから。まあ、あそこから売れたっていう経緯は、ジュニアとちょっと似てるかもしれない（笑）。

ガンツ　猪木さんに名前を覚えられて、舟橋さんがモスクワオリンピックのほうに行かれてからは、『ワールドプロレスリング』の若きメイン実況アナとして、古舘節がどんどん冴え渡っていくわけですよね。

玉袋　こっからはもう最高だよ。

古舘　猪木さんの試合を実況すると、なぜかいちばん声が出るんですよ。言葉も自然と出てくる。ほかのレスラーがパンチを使うと、「ラフプレー」「ダーティーファイトだ」っていう言葉になるんだけど、猪木さんがやると「弓を引くナックルパート！」「怒りの鉄拳制裁！」って言う言葉がどんどん出てきて、「天誅を振り下ろした！」まで言ってましたからね。自分でも「この違いはなんなんだろう？」と思っていたんだけど、あるとき、「猪木さんは〝肉体の言語〟なんだ」って気がつくんですよ。

椎名　肉体の言語ですか。

古舘　猪木さんは単なるプレイヤーではなく、新日本プロレ

スのプロデューサーだから、あらかじめプランニングがあって、肉体言語としてみんなに伝えているんだって。

ガンツ 映画のワンシーン、ワンシーンに監督の意図があるように、猪木さんの試合中の動きにもすべて、プロデューサーとしての意図があると。

古舘 猪木さんの脳内にはあらかじめ概念やイメージがあるはずだから、猪木さんの脳内に侵入して、猪木さんのイメージを先取りすれば、猪木さんの肉体言語をほぼ同時に実況できるんじゃないか。そこに気づいたことで、間を詰めてバーッとしゃべるボクの実況スタイルができあがっていったんですよ。

玉袋 猪木病の賜物なわけですね。

古舘 まさに猪木病の賜物。あんなにバーッとしゃべる実況はそれまでになかったから「うるさい」とか「いいかげんにしろ」って、アナウンス部長からめちゃくちゃ怒られましたけど。でも毎週怒られながらやっていくうちにちょっとずつ売れ始めた。だから猪木病にかかったからこそ、ああいう実況ができたんですよ。かかっていないで、放送席とリング上という距離を置いてしゃべっていたら、あれは絶対にできない。自分は猪木さんの脳内に入り込んでいるくらいの感覚でやってましたからね。

椎名 じゃあ、ほかのF1とかの実況にもつながるスタイル

が、猪木プロレスによってできたわけですか。

古舘　もう完全に猪木さんに出会ったからこそできたスタイルですよ。そして語りのベースは舟橋さんの七五調ですよ。プロレスの実況と七五調の演歌の座付き司会って全然違うものだと思われるでしょうけど、舟橋さんのスタイルはそれなんです。たとえば「歌は流れるあなたの胸に」とか「小さな酒場に女がひとり。今日も水割りを傾けていた。別れた男を思い出し、琥珀の酒を涙で割ってのひとり酒」みたいな演歌の前口上がありますよね。舟橋さんの実況も（舟橋口調で）「古代ローマパンクラチオンの時代から、人々は強い者への憧憬を浮かべてまいりました。いま、燃ゆる闘魂・アントニオ猪木」って完全に七五調なんですよ。それをボクは演歌ではなくロックのテンポでバーッとやったんだけど、七五調の舟橋さんがベースなんです。

玉袋　おもしれえな～。古舘さんのスタイルは突然変異のようでいて、しっかり技を受け継いでいたんだな。

古舘　舟橋さんに育ててもらって、猪木プロレスに出会うことでそれをアレンジしたものが時代に合ったんでしょうね。いま同じような実況をしたら「過剰だ」「うるさい」って言われるでしょうけど。

玉袋　古舘さんの実況は、１９８０年代前半の新日本プロレスにドンピシャで合ってたんだよ。あの頃の新日を古舘さん

の実況で毎週観ることができたっていうのは、いま思うと本当にぜいたくですよ。

ガンツ　ボクらは物心がついたときからプロレスを観て、古舘実況で育ちましたからね。

玉袋　そうなんですよ。古舘チルドレンですよ、我々は。

椎名　猪木がいて、タイガーマスクがいて、長州、藤波がいたあの時代を、古舘さんの実況は最高に盛り上げましたよね。

古舘　あれも時代の変わり目で、タイガーマスクの台頭と長州vs藤波の名勝負数え唄があのブームを巻き起こしたんだけど、ブームにはかならず予兆があって、その予兆ははぐれ国際軍団なんですよ。

玉袋　出た！　猪木と国際軍団の抗争は最高だったよ。こっちは国際の汚ねえやり口にイライラさせられたんだけど、すべて猪木さんとラッシャーさん、浜さん、寺西さんの手のひらの上だっただんだよな〜。

古舘　ラッシャー木村は国際プロレスのエースだったけど、東京プロレス時代は付き人として猪木さんのリングシューズの紐を結んでいたんですよ。猪木さんは綺羅星の如く輝く天才レスラーで、木村さんは身体はゴツいけれど固くて地味だったんだけど、新日マットではヒールとしてあれだけの輝きを見せたんですよ。

玉袋　その大河ドラマがたまらねえんだよな〜。

椎名　猪木vs国際軍団から新日ブームが始まった感じがありますもんね。

「大学の授業で若い学生たちに向けて啖呵売を披露したんです。そうしたら学生はみんな理解不能でシーンとしちゃった」(古舘)

玉袋　あと古舘さんが自分の喋りを作り上げるうえで、香具師の口上を取り入れるために弟子入りしたっていうエピソードを『トーキングブルースを作った男』(元永和宏・著／河出書房出版)で知って、ボクは痺れまくっちゃったんですよ。

古舘　坂野比呂志さんですね。坂野さんは昭和50年代に文化庁芸術祭大衆芸能部門の大賞を獲るんですけど、それまで売れない浅草の芸人さんで、それこそスナックをやったり、奥さんのヒモだったりしていたんですよ。でも仕事がないぶん時間があるから、浅草寺の境内に昔はたくさんいた大道芸人や、香具師がバナナの叩き売りをしたり、インチキな薬草、ガマの油売りなんかをしていた口上を毎日聞きに行ってた。テープレコーダーもない時代だからメモして丸暗記して、それを舞台の芸として地道にやっていったら評価されるようになっていったんです。

玉袋　路上の啖呵売を舞台の芸にまでしたっていうね。

古舘　昔は浅草なんかでは日常で見られた風景だったんだけ

ど、時代が大きく変わって、コンビニが台頭して売り声が聞こえてこなくなった。お祭りのときにはソース焼きそばとかりんご飴とかは出るけれども、香具師の啖呵売はなくなったじゃないですか？　だから「これは残しておかなきゃ」って文化庁芸術祭で大賞を獲って注目されたんですよ。

玉袋　古舘さんがフリーになったとき、その人に弟子入りするわけですよね。

古舘　いま古舘プロジェクトの会長をやっている佐藤（孝）さんに「フリーになったら柱がなきゃいけない。舞台で喋りだけで勝負する『トーキングブルース』をやらなきゃいけない」と言われたんですよ。それと同時に「アナウンサー口調だとおまえの喋りは丁寧すぎる」と。しっかりと「こんばんは」ってやっちゃう。アナウンサーとしてそういう教育を受けてきたから、それはしょうがない。でも「それをあえて江戸風に乱して庶民ウケするためには大道芸から習うしかない」という発案があって、それで（立川）談志さんとかマムシさん（毒蝮三太夫）が坂野比呂志さんを紹介してくれたんです。

椎名　談志さんとマムシさんなんですね。

古舘　それで当時社長だった佐藤さんと浅草まで会いに行って、「弟子なんか取っちゃいねえんだけどよ。まあ、談志とかマムシも言ってくれるし、コイツを弟子にしてやるよ」って、それから休みのたびに先生とスケジュールが合ったら浅草のマンションまで行って、啖呵売の指導をしてもらったんですよ。こっちも喋りにはそこそこ自信を持っていたときでしたけど、「さて、お立ち会い！」っていう一言目から「違う、もう1回やれ」って何度もダメ出し。「爪先をまっすぐ往来していくヤツを『さて、お立ち会い！』で脅かして、『何が起きた!?』ってこっちに顔を向けさせなきゃいけねえんだ」って。

玉袋　まず、客をつかまなきゃいけないわけですよね。

古舘　そのためには「アナウンサーの丁寧な発声をやっているうちはダメだ、もっとダミ声でやれ」って言われて、やったんですよ。それで1年間通って、まあ10個くらいはできるようになって、いまもたまに得意げになって披露したりするんだけど、いまの若い子は理解不能みたいで。ボクは自分の母校・立教大で客員教授をやって5年なんですけど、そこで「売り声っていうのをみんなは知らないだろうけど、昔はあったんだよ」っていう話をしたりするんですよ。

玉袋　そう言われても、ちんぷんかんぷんなんですね。

古舘　世の中、特に街が変わってしまったから。昔は喫茶店、純喫茶がたくさんあって、そこに出入りするたびに有線からヒット曲が聴こえてきた。いまは昔と違ってなんでロングセラーのヒットがないかというと、もちろんネット社会でCD

KING of SPORTS

すら姿を消そうとしている時代だからでもあるんだけど、阿久悠さんの言葉を借りれば〝街鳴り〟がなくなったんですよ。

玉袋　街鳴りですか。

古舘　昔は街が鳴っていたんですよ。クリスマス前だと、商店街に『ジングルベル』や『きよしこの夜』が流れていたように、喫茶店に行くたびに、商店街を通るたびに曲が流れてきて、それを聴いて「いい曲だな」と思ってロングセラーのヒットが生まれていたんだけど、80年代にソニーのウォークマンが普及してから、音楽は自分の好きな曲を自分だけで聴くものになって、パブリックスペースで聴くことがなくなって、街鳴りがしなくなった。それと同時に商店街はみんな対面商売だから、街に「売り声」っていうものがあったんだけど、いまはコンビニで「ありがとうございました」も言わない。

玉袋　スマホでピッとやって終わりですよ。

古舘　店員が何も言わないかわりにレジが（機械音声で）「料金は750円です」って、気持ち悪いね。

玉袋　気持ち悪ぃんだよな～。

古舘　だからボクは大学の授業で「昔は街に売り声があったんだ」って話をして、若い学生たちに向けて啖呵売を披露したりしたんですよ。バナナの叩き売りやインチキ万年筆売りとかね。自分ではおもしろいと思ってやったんだけど、学生はみんなシーンとして、おにぎり食ってましたよ。

玉袋　かぁ～っ、もったいねえ！

古舘　こっちは寅さんになりきって喋るんだけど、『男はつらいよ』すら観たことがないから、啖呵売がどんなものか想像もつかないみたいで。「何がなんだかわからない」っていう感想をもらいましたから。

「直前の想定外っていうのはプロレスで何度も経験してるから、本番直前にクレームが入ってもどっかでウキウキしてる」（古舘）

玉袋　ええ～っ!?　それはちょっと衝撃ですね……。

古舘　玉ちゃんは歳下なのに、そういうのをわかってくれるじゃないですか。だから今日はうれしいんですよ。俺のまったく売れない売り声の魂がずっと浮遊していたんだけど、語らせてもらってすっきりした。いま、坂野比呂志の話を振ってくれる人はいないですもん。そもそも知っている人がいないから。

玉袋　『トーキングブルース』が始まったとき、古舘さんは喋りの天才なんだから、絶対に完成度が高いものになるに決まってる。天才性をひけらかすためにやるんじゃねえかぐらいに思っていたんですけど、一蓮托生でやってきた盟友の佐藤さんが「違う。まだブルースが伝わってきてない」とかダ

メ出しをして、そこを乗り越えるために啖呵売を身につけたってことが衝撃だったんですよ。

古舘　やっぱりフリーになったばかりの頃って、「俺の喋りに悪いところはない」ぐらいつけあがっていた部分があったんですよ。でも、ですます調の喋りはアナウンサーの歯切れのよさでできるんだけど、その一方で、芸人さんのように荒々しく、刺々しく毒を持つ喋りがないってことを佐藤さんには見抜かれていたんです。局アナ時代は、局アナの枠からはみだした喋りでおもしろいって言われるけど、フリーになったら芸人さんと同じフィールドだぞと。NHKでおもしろいと言われたアナウンサーがフリーになって民放に使われると、普通になっちゃったりするじゃないですか。それと同じで、基準が違うってことを佐藤さんから教わったんですよ。

玉袋　それをフリーになってすぐ言ってもらえて、克服すべくすぐに動き出したのが凄いですよ。

古舘　だからボクがフリーになったあとの急務は、大道芸の持つ江戸弁の荒々しさ、毒っ気を身につけるってことでしたね。『トーキングブルース』の舞台の上で「～だと思います」って言ってもお客さんはよろこばないですよ。やっぱり断定口調で「あんな官房長官なんて更迭しちまえばいいんだ!」って言わないと。「更迭すべきだと思います」だったら評論家になっちゃうので。だから、そういう毒っ気のある歯切れみたいなものは大道芸から学びましたね。

椎名　そうやって芸を学ぶことで、古舘さんの話芸も磨かれたんですね。

古舘　ただ、いまだに『トーキングブルース』でもアナウンサー口調が出ちゃうことがあるんです。だから本番の前の日に、2時間通しで聴いてもらって、徹底的にダメ出ししてもらうんですよ。最悪の本番を前日にやって、どうしたらいいかわからないところまで自分を追い込んで、その緊張感を持って初日を迎える。ありがたいことにいまでもその習性は抜けないんですよ。

玉袋　凄い。練りに練って頭に叩き込んだ2時間の喋りを前日にぶち壊されたら、普通は逃げちゃいますよ。古舘さんは逃げないんだもん。

古舘　逃げられない状況に追い込まれて、自分の言葉が出るんです。『報道ステーション』をやっているときも同じようなことがありました。ボクがコメントしたことに一部誤りがあって、自民党からお叱りのクレームが来て、生放送で謝罪と訂正のコメントを出さなきゃいけない。全面的に謝るつもりはないけれど、「この部分に関しては、我々が政治部の記者から聞いたときの聞き取りが甘かったです」と、しっかりと謝りながら根っこの間違えていない部分は訂正しないっていうのは、なかなか難しいんです。それをやるためには用意

The Best

された月並みなお詫び原稿を読んでちゃダメなんですよ。だからボクはそういうとき、原稿は見ない。見たら読んじゃうから。それでは絶対に誠意が伝わらないし、視聴者にも伝わらないんですよ。

椎名　原稿は自分の言葉じゃないわけですもんね。

古舘　原稿を読まずに喋ると、また言葉尻を捕らえて怒られたりする危険性もあるから、もの凄く怖いですよ。でも、そこはプロレスで鍛えられた部分もある。

玉袋　そこでプロレス実況が活きてきますか！

古舘　ボクはスタン・ハンセンと仲がよかったから、試合前の控室で「このまえやったブルドッキングヘッドロック。対角線を走ってジャンプして相手の顔面をマットに叩きつけるのはテレビ的にもインパクトがあったから、今日も見せてよ」って、対戦相手の藤波（辰爾）さんには悪いけど焚きつけたことがあるんです。そうしたらハンセンも「わかった」って言ってくれて、いざ試合になってハンセンが入場してきたら「おまえと約束したブルドッキングヘッドロックをやるから、いい実況をしろよ」っていう合図で、その瞬間、放送席の机にブルロープを思いっきり叩きつけたの。その瞬間、机が割れて、機材も壊れて、俺の資料もぶっ飛んで、そこからは予備マイクで資料なしで喋ることになった。そういう直前の想定外っていうのをプロレスで何度も経験してるから！

玉袋　特に猪木プロレスは「一寸先はハプニング」っていうくらいで、何が起こるかわからないからね。

古舘　だから『報道ステーション』の本番直前でクレームが入っても、オロオロしながらもどっかでウキウキしてる。やっぱり芸人さんもそうだと思うけど、理不尽で怖い思いをしないと、なんか抗体とかできないじゃないですか？

玉袋　そうですね。匂いも出てこないですよ。

古舘　あっ、匂いか。匂いに行くんだ。なんとも言えない芸人の匂いだ。

「プロレス実況での異名の付け方もお見事すぎて笑っちゃうのが多いんですよ。子供心に『すげえ！』と思った」（椎名）

玉袋　でも古舘さんは完璧なロボットのようなトーキングマシーンで、ひとつのミスもせずにこなせちゃう人だと思ってたんですけど。『喋り屋いちろう』と『トーキングブルースを作った男』を読むと、喋りに対して凄く葛藤を抱いていたことを知って痺れましたね。

古舘　玉ちゃんはいい意味で「ミスをしない完璧なロボットのよう」と言ってくれるんだけど、実際は失敗も多いのにロボットのように思われるのはボクの欠点でもあると思っているんですよ。このまえ日テレの若いディレクターたちと打ち

合わせをしたとき、「古舘さんはやっぱりロボットみたいに喋るっていう印象が」って言われたんです。彼は20代だからボクの実況は知らないし、『報道ステーション』をかすめ観たぐらいの人なんだけど、「古舘さんは完全無欠に思われていて損していませんか?」って歯に衣着せず言われて。「それは損してるし、俺の課題だと思ってる。俺だって間違いだらけで、噛むし、言い淀むこともあるのに、なんで間違えずにきっちりやると思われてるんだろう?」って聞いたら、「なんていうか、質感が無機質で、人を寄せつけない」って言われたんですよ。それって最悪じゃないかって。

玉袋 ワハハハハ!

古舘 なんで俺がこの業界でそこそこがんばっているのに、「アナウンサー好感度調査」でも全然名前が上がってこないのか、若いディレクターに言われて謎がすべて解けました。だから玉ちゃんなんかは俺の人間性も芸人と相通じる匂いもわかってくれたうえで「でもロボットみたいだ」って褒めてくれるけど、知らない人にとっては匂いのない無機質なヤツなんですよ。だからそこが自分の欠点なんだなって。この歳で気づいてどうするって感じだけど、本当に思いますよ。

椎名 古舘さんは本来、「笑わせたい」っていう思いが凄くある人なんじゃないですか?

古舘 凄くあるんですよ。たぶん、芸人に憧れる気持ちが昔からあったんだと思う。

椎名 プロレス実況での異名の付け方もお見事すぎて笑っちゃうのが多いんですよ。特にアンドレ・ザ・ジャイアントを「1人と言うにはあまりにも大きすぎる。2人と言ったら人口の辻褄が合わない!」って言ったときは、子供心に「すげえ!」と思って(笑)。

玉袋 あの発想は出てこないよ、普通。

古舘 あれは苦しみからひねり出てくるものなんですよ。アンドレを形容する言葉として「大巨人」とか「人間山脈」がウケたじゃないですか。しまいには「一人民族大移動」とか言い出して、これがまたウケて。そうすると次期シリーズに

来日したときは、また新しいフレーズを言わなきゃいけないプレッシャーがあるんですよ。で、しょうがないから「1人とはとても思えないほど大きい」「でも2人と言うには人口の辻褄が合わない」という苦悩をそのまま口にしたっていうね。

椎名　しっかりとツッコミどころも残しているし、ギリギリ毒っ気も強くて、すげえフレーズだなっていまだに思いますよ。

玉袋　俺も『町中華で飲ろうぜ』みたいな番組をやらせてもらうと、古舘チルドレンとしては、なんか出てきた料理に対して古舘さんみたいなバチッとハマるフレーズを言わなきゃいけないっていう思いは常にあるんですよ。

古舘　かぶせるようには言っていますよね。

玉袋　あれも町中華だから、毎回同じようなメニューが出てくるんだけど、なんか新しいフレーズを言わなきゃいけねえって。これは古舘病ですよ（笑）。

古舘　俺は自分のことだから古舘病だなんて思わないけど。玉ちゃんのああいう番組での喋りっていうのは、さっき言った啖呵売の匂いがするから好きなんだよね。吐き捨てるように、切り捨てるように言って、ニコッと笑ったりするじゃないですか？　あの感じがフレーズと共にハマっているんですよ。

玉袋　ありがとうございます！

「いつの間にか猪木さんと同じ気持ちで自分も喋りながら闘っていたんです。そして一歩踏み出すことができた」（古舘）

ガンツ　あとプロレス中継での古舘さんのフレーズで言うと、やっぱり「闘いのワンダーランド」っていうのが最高だなって思うんですよ。あの時代のプロレスを表現するうえで、これ以上の言葉はないなって。

古舘　「闘いのワンダーランド」っていうのはボクが言い出したフレーズではあるんだけど、元ネタは村上春樹さんなんですよ。「ワンダーランド」っていうフレーズは。

椎名　『ハードボイルド・ワンダーランド』ですね。

古舘　そう。『ハードボイルド・ワンダーランド』っていう小説のタイトルが頭にあって、何年かあとにパッと高揚するが如く「闘いの」をくっつけたフレーズが口から出てきたんです。

玉袋　でも元ネタがあるとはいえ、アレンジした言葉がバシッとハマって定着するところが凄いですよ。

古舘　あれは番組の冒頭、リングを映し出しながら「札止め1万1200人。超満員の蔵前国技館」って言わなきゃいけないんだけど、それを言わずに「闘いのワンダーランド！」って言ってみちゃったんですよ。そうしたら何週間か

後、『少年マガジン』かなんかのプロレス漫画に、メガネをかけてヘッドセットのマイクを付けた俺そっくりのキャラクターが「闘いのワンダーランド!」って叫んでいるコマを見つけて、そこからしつこく言い始めたんですよ。

ガンツ 見事なフレーズだと思います。プロレスという夢の世界、不思議な世界に誘ってくれる。普通のスポーツの世界とはちょっと違うことも、その言葉ひとつでわかるじゃないですか。

玉袋 古舘さんの数々のフレーズは、当時、テレビ局の中で花形スポーツと言われた野球やゴルフ、相撲なんかじゃなく、プロレスから発信されたことに痺れちゃうんだよ。

古舘 やっぱりプロレスがテレビ朝日の中では凄く迫害を受けていたのが、ボクのエネルギーになったと思うんですよね。野球とかボクシング中継とか『大相撲ダイジェスト』とか、すでに市民権を得て認知されているスポーツの実況をやっていたら、あんな無茶苦茶な実況は許されないですから。『ワールドプロレスリング』が金曜夜8時でハネて、25%ぐらいの高視聴率を獲ってもテレ朝内はまだまだ保守的で。当時は「エンタメ」という都合のいい言葉がないから「真剣勝負か八百長か」それだけなんですよ。あれほど肉体を鍛えて、身体を張った闘いを展開して、どんなに大衆を楽しませても「八百長」という烙印を押されてしまう。そこが猪木さんのエネルギーにもなったと思うんですよ。

玉袋 まさにそうですよね。俺たちファンも「八百長」の一言で切り捨てるようなヤツにはイライラしっぱなしだったから。

古舘 アントニオ猪木は、その怒りをエネルギーに異種格闘技路線に足を踏み入れ、「誰の挑戦でも受ける」と大風呂敷を広げたわけですよね。それと同じで、プロレスの実況はテレ朝の社内で全然評価されなかったんです。「あんなの邪道だろう」「アイツはニュースも読んでないよな」って。いま思うと、ジェラシーもあったと思うんだけど。

椎名 絶対にそうですよ。テレ朝の中で飛び抜けて人気があるんだから。

古舘 でも、いくら外でウケても「スターアナを作らない」という局の伝統からすると評価の対象外で。そこに俺はイライラしたわけですよ。

玉袋 だったらフリーになって外で勝負してやろう、ってなりますよね。

古舘 でも本来の自分は、日本プロレスを飛び出して東京プロレスを作った猪木さんみたいな過激なメンタリティやチャレンジ欲があったわけじゃないんですよ。社内でのほほんと生きてきた人間なんです。でもプロレスが蔑視されて、外では「古舘の実況はおもしろい」と言われるのに社内では無視され続けたことが俺のがんばりになったんですよ。それがな

ければフリーになろうと思わないですよ。

玉袋　世間の偏見をエネルギーに変えた、まさに猪木イズムですよ！

古舘　だから、いつの間にか猪木さんと同じ気持ちで自分も喋りながら闘っていたんですよ。そして猪木さんの『道』の詞のごとく、一歩踏み出すことができた。だからもう、猪木さんとプロレスには大感謝なんです。

玉袋　闘魂の語り部は、自らも猪木とともに世間の偏見と闘っていたというね。いや〜、今日は貴重なお話、ありがとうございました！

自己投影観戦記 できれば強くなりたかった

第139回

追悼テリー・ファンク

椎名基樹

椎名基樹（しいな・もとき）1968年4月11日生まれ。放送作家。コラムニスト。

テリー・ファンクが亡くなった。享年79。去年亡くなったアントニオ猪木も同じ79歳だった。テリーは、猪木のひとつ歳下だったんだな。

ふたりともハードな「受け」を売り物にした選手。長い現役生活で、嫌というほど身体を痛めつけてきた。あんなに無茶をしてきて、80歳手前まで生きることができたことは、凄いことなのかもしれない。

もし彼らが、プロレスラーにならず身体を酷使しない職業についていたら、120歳くらいまで長生きしたことだろう。しかし間違ってデスクワークのサラリーマンになっていたら、ストレスで早死にしてしまうような気もする。

テリー・ファンクの思い出と言えば、なんといっても、ブッチャーが彼の腕にフォークを突き刺した、世界最強タッグリーグ戦の、ザ・ファンクス（あらためてこの名前かっこいいな）vsブッチャー&シーク組だ。ネットに溢れたテリーの回想記事でも、多くがこの試合のことに触れていた。

この試合がおこなわれたのは、私が小学生のときだった。放送の翌日、学校に行くとクラスは、この試合の話題でもちきりだった。さらにある先生が「昨日あの試合観たか？凄かったなぁ。フォークを腕に刺して、痙攣して！」と話しかけてきた。

この先生は、当時の学校にはごまんといた暴力教師で、その中でも最強のハードヒッターだった。私たちは彼を非常に怖れていた。それでいて、気さくな性格だったせいか、生徒たちからは、なかなか人気のある先生だった。そんな恐怖と敬意を抱いている大人から、同じ話題を同じ目線で語られたことが非常に嬉しかったことを憶えている。

それにしても、いま振り返るとつくづく思う。あの先生の体罰は、「テリーvsブッチャー」の惨劇が、いまのテレビではコンプライアンス違反である以上に、いまの常識と照らし合わすと、非常に逸脱した、コンプライアンス違反であったと。時は流れた。時代は変わった。猪木もテリーも死んじまったんだから、当たり前か。

話を戻そう。私は当時、テリー・ファンクがまったく好きではなかった。というか、アブドーラ・ザ・ブッチャーが大好きだったのだ。ブッチャーのほうが好きだったからといって、あの試合を観て「ブッチャーいいぞ。テリーの腕を切り刻んじまえ！」なんて、ブッチャーを応援していた記憶はないけれど、私はブッチャーのキャラクターが大好きだったのだ。

テリーファンクに比べて、ブッチャーは圧倒的にわかりやすかった。キャラ立ちしていた。褐色の肌にスキンヘッド。額には縦に深く刻

まれた3本の傷。その傷口は開きっぱなしだ。凶器シューズと呼ばれるつま先が変形した靴を履いていて、まるでランプから出てきたアラビアの魔人だ。そもそも凶器を履いていていいのか？

得意技は地獄突き。それを繰り出したあとの空手のアクションもキマっていた。そしてフィニッシュのエルボードロップは、巨体が高々と宙に舞い、その姿は美しく、ほかのどの選手のフィニッシュホールドよりも破壊力を感じた。

その点、テリー・ファンクはルックスがニ枚目みたいに言われて、ボンボンを持った女の子の親衛隊はいたけれど、どう見てもそれほどハンサムには思えなかったし、体型はずんぐりとしていた。フィニッシュホールドのスピニング・トーホールドもそれほど痛そうじゃないし、全然カッコよくなかった。

ニコニコしながら入場してラッキーコインをファンにばらまく姿は媚を売ってるように思えた。相手の技をオーバーアクションで受ける姿は、なんだかわざとらしく思えた。

テリー・ファンクの魅力に気づいたのは、だいぶ遅く、彼がECWで闘うようになってからだ。サブゥー、カクタス・ジャックらが牽引したハードコア・プロレス・ムーブメントに割って入り、最年長にして誰よりも、自分の身体を傷めつけて、ハードコア・プロレスを体現したのがテリー・ファンクだった。50歳にして、ムーンサルトプレスをフィニッシュフォールドにしていた。

圧倒され感動した。クレイジー揃いのECWのレスラーの中でも、テリーはひときわクレイジーだった。日本ではベビーフェイスに徹していたが、テリー・ファンクの本質は、クレイジーな喧嘩屋だった。

プロレスラーの価値とは、どれだけ身体を張れるかだ。小学生のときはまだ仮面ライダーやウルトラマンを観る延長で、キャラクター中心でプロレスを観ていた私も、それから何十年も経ってやっとプロレスの意味がわかったのだ。

この頃、来日したテリー・ファンクに川崎球場でTシャツにサインをしてもらったことがある。笑うと目尻が下がって、細く無くなってしまう優しい目をして、本当にフレンドリーに接してくれた。一緒に行った私の彼女が、テリーがあまりにカッコいいので、すっかり舞い上がってしまったことをよく憶えている。

53歳のテリー・ファンクを捉えたプロレスドキュメンタリー映画『ビヨンド・ザ・マット』は最高だ。膝がボロボロのテリーを、なんとか引退させたくて家族は、無理矢理地元で引退興行を開催する。しかし結局テリーは復帰してしまう。観客をヒートさせる快感が忘れられないのだ。狂った者に飲ます薬はない！

テリー・ファンクは自伝の序文でこう語る。俺の人生の1日1日はプロレスと深く関わっている。プロレスは俺にとって、常に人生そのものであり、愛であり、そして誇るべき天職でもあるのだ。俺が知り合った偉大な仲間の物語に比べれば、宝の山を持つ海賊も、億万長者も、王様さえも羨ましくない。俺は、誰とも自分の人生を取り替えたいとは思わないのだ。

これを読んで私は気がついた。華やかでもないし、苦しいことも多いけれど、私も自分の人生を誰かの人生と取り替えたいとは思わないと。他人から見れば、ささいなことも、私にとってはかけがえのないオリジナルな体験だ。そう思えば、なんと自分の人生を誇りに思えることだろう。テリーから人生の大切な言葉をもらったような気がした。

猪木“国会カメラ持ち込み事件”の真相と
“国会議事堂前ガウン姿撮影現場”の真実。
そして猪木が亡くなる4日前に交わした会話とは？

収録日：2023年9月2日
撮影：工藤悠平
聞き手：井上崇宏
参考資料：「猪木」
（原悦生 写真・著／辰巳出版）

KAMINOGE CRAZY JOURNEY PART.2

原悦生

フォトグラファー

「ベッドからちょっと離れた足もとに、
おじいさんと一緒に写ってる子どものときの写真が
置いてあってね。『また旅に行きたいな』なんて話をしたあとに
一言『馬鹿のひとり旅』とだけ言ったんだよ」

「タイガーマスクをどうやって消して復活させるかってときに、〝宇宙葬〟というアイデアを出したのは俺（笑）」

――原さん、すみません。1カ月も経たぬうちにまたノコノコと会いにきてしまいました（笑）。

原　「また来る」とは言っていたけど、来ないと思っていたよ（笑）。

――ボクって本当に来るんですよ。先月は原さんの半生を中心にお聞きしましたけど、今回は1周忌ということでアントニオ猪木の話をたくさんお聞かせいただけたらと思います。原さんってじつはボクらが思っていた以上に猪木さんとは密な関係でしたよね？

原　そうだよね。そんなに会話はしないんだけど、一緒にいた時間は長いもんね。政治家になったときは1年の半分以上は一緒にいたんじゃないかな？

――世界各国を一緒にまわったり。

原　あとは議員会館にもよく行っていたし、何かイベントがあるときも顔を出して。もうプロレスの試合は少なくなっていたけど、あれば行くし。だからIWGPの頃に試合をいっぱい撮りに行っていたのは当たり前けど、あの議員時代の特に1989～1991年というのは、猪木さんと凄く長い時間を共有していたね。

――プロレスラー時代よりも議員時代のほうが密だった。

原　そう。どこかに行くとなればついて行って、空間的にほかに何人かいたとしても一緒にいる時間は長かった。飛行機も一緒、ホテルも一緒だったんで。

――猪木さんのファーストクラスの席の隣に居座ったりしていたんですよね（笑）。

原　いや、ファーストのおこぼれは1回だけだよ。俺がエコノミーで、猪木さんがファーストなんだけど、飛びだってから着陸寸前までファーストクラス（笑）。

――でも原さんが20代の頃、スポニチ社員だったときも一緒に夜に飲みに行ったりしていたんですよね？　なぜ、そういう場に原さんが呼ばれていたんですか？

原　やっぱり、そういう席には舟橋（慶一）さんとか古舘（伊知郎）さんも一緒だったりするから、そういうメンバーならではの話題がある。たとえば「タイガーマスクをどうしようか？」みたいな話のときに俺も呼ばれたんですよ。

――タイガーマスクの名前が使えなくなるというときですね。

原　「どうしても使えないんですか？」っていう話になったわけ。「じゃあ、考えなきゃいけないね」みたいな。そうしたら猪木さんが「1週間後に集まろう」って言うんですよ。それでまた一週間後に会って、最初は食事をするんだけど、そのあとに六本木の会議室に入った。

――えっ、会議室を借りて。

原　つまり本気で話し合いをするつもりなの。俺たちは宿題の答えを1週間後に持って行くみたいな感じだったね。それで舟橋さんと古舘さんも一緒に会議をするんだよ。そこで猪木さんが「なんでもいいから思ったことを言ってくれ」って。

――猪木さんとそのお三方のほかには誰かいるんですか？

原　4人だけ。会議室を手配したのは新日本の伊佐早（敏男）さんで、テレ朝のプロデューサーとかは誰もいない。そういう集まりをやったことはあとで伊佐早さんから伝わったみたいだけど、「何をやってるんだ？」っておもしろくなかったかもしれないよね（笑）。

――「なんで猪木さんはそのメンツでやるんだよ？」みたいな（笑）。でも「何か突飛なことを言い出しそうなメンツ」ではありますよね。

原　だから普通のことを言ったって猪木さん的にはおもしろくないから。普通のアイデアなら新日本やテレビ朝日の社員から出てくるじゃないですか。俺なんかが言うことは、普通の会議に出したら「ノー」としか言われないようなことしか言わないわけ。だから、そこがおもしろくて呼ばれたんじゃないかな。

――たとえ、出したアイデアが現実的に無理だとなっても、その半分でも実現できたら十分おもしろいよね、っていうこともありますからね。

原　猪木さんも聞いた話を全部使うわけじゃないから、部分的でもいいからほしいわけ。その会議は真面目にやっていましたよ。朝までやっていたからね。

――そんな会議を、猪木さん自身が音頭を取ってやっていたのも驚きなんですけど。

原　やっぱりタイガーマスク（佐山サトル）のことは凄く買っていたんですよ。ニューヨーク（WWF）からも話があるし、このままだともったいないと思っているところにゴタゴタが起きちゃった。だから猪木さんは本気だったね。普通は「タイガーマスク」という名前が使えないとなったら、ただ名前を変えたらいいって思うけど、それだけじゃダメなんだよね。まず、どうやってタイガーマスクを消すのか。そして、どうやって復活させるかっていう話だから真剣ですよ。

――そこで出た〝宇宙葬〟っていうアイデアは？

原　それを言ったのは、俺（笑）。

――その宇宙葬の概要を教えてもらってもいいですか？（笑）。

原　タイガーマスクの新しい名前は「シルバー」とか「スペース」というワードを盛り込んだものにしようっていう話は伝わっていたわけ。なので、それと1981年に初めて打ち上げたスペースシャトルのイメージが着想っていうか。

――ボクなら「〝スペースサトル〟でどうでしょう？」とか

勝木健
中曽根
鈴木

国会議員●アントニオ猪木
海部総理の考え方は、私より
10年遅れている。
アントニオ猪木はエネルギッシュに語った。
「海部総理の所信表明？
正直いって、こんな程度なのかなってことに尽きるね」
登院

安易に言っちゃいそうです（笑）。

原　だから宇宙葬っていうのは、タイガーマスクが脱いだマスクをロケットかスペースシャトルに乗せて宇宙に運ぶ。それが帰還したときに新しいマスクになっているっていう設定で。だから最初は虎の黄色と黒のマスクが飛んでいくわけ。実現の可能性とかは関係なく言うわけ（笑）。

「新聞記者を集めて食事会をやったりもしたんだけど、そのときは猪木さんはおもしろくなかったみたい」

――急を要する案件なのに実現の可能性は関係なく言う（笑）。

原　そうしたら「大統領と仲がいいから、ブラジルのロケットがあったら乗せられて簡単な話なんだけどな」って言ってたりとか。あとは当時はまだルートができていなかったんで「ソ連は無理だよね」っていう話になったりとかして。

――やっぱり話のスケールがデカいですね！（笑）。

原　時間がないのにそんなことばっかり言い出して（笑）。でも、その前に「どうやってタイガーマスクが消えるか」っていう消し方も考えなきゃいけなかった。そこで俺は「たとえば蔵前国技館のリングから消えるのはどうか」って言ったんですよ。

――それはどうやって消えるんですか？

原　その頃はもう亡くなっていたけど、初代の引田天功っていたじゃん。まあ、そういう引田天功クラスのイリュージョンを駆使してリングの上からタイガーマスクの姿が忽然と消えて、リングには黄色と黒のマスクだけが残っているっていう。その残されたマスクをＮＡＳＡで運ぼうと。順番としてはね。でも、そんな話をしているあいだにタイガーマスクが辞めちゃった（笑）。

――そうなんですよね（笑）。

原　だから、その話は何も動かなかったわけ。こっちは真剣だったのに。

――でも蔵前国技館で忽然と姿を消すタイガーマスクはめちゃくちゃ見たかったですよ。

原　消えるところまではそんな難しい話じゃないから実現したと思うんだよね。

――ちょっと話を戻しますけど、スポニチ時代から猪木さんと飲んだりしていたっていうのは、やっぱり舟橋さんの兄貴肌的なところからですか？

原　そうそう。

――「原も来い！」と。

原　それで行って、俺が変なことを言うから、みんなが「またか」みたいになる。

――突飛なことを言う要員として呼ばれるというか。原さん

はいつから突飛なことを言う人だったんですか？

原　猪木さんに？

――いえ、猪木さんに対してというか、日常的に空想家だったんですか？

原　でもさ、自分的にはそんなに突飛じゃないと思うんだよ。

――いやいや、突飛ですよ。宇宙葬って、もうリングや会場を飛び出しているじゃないですか。それは当時は絶対に思いつかないです。当然、原さんの出すアイデアは画的な部分も絶対に考えていますよね。

原　でも本当に真剣だったよ。だって飲み屋でもよさそうなものなのに会議室を用意しないでしょ。しかも突然じゃなくて1週間考えてから集まろうだったし。それとね、これはあとになってから思ったことだけど、円形リングは俺なんじゃないかと思ってる。

――1989年、東京ドームでのショータ・チョチョシビリ戦。ロープを取っ払った円形のリングでやりましたよね。

原　それはアエロフロートの機内のファーストクラスが空いていたから行って、そこでふと猪木さんとリングの話になったんだよね。

――やっぱり椅子がふかふかだといいアイデアも浮かびますね（笑）。

原　いや、窓のところの猪木さんのシルエットを撮るために行ったんだけど、まあ、ずっと隣にいることになって（笑）。で、アメリカ映画の喧嘩のシーンとかってまわりの人垣が円形で囲んでいて、いわばランバージャックみたいになっているなかでやっているから、「本来ならリングは円ですよね」みたいな話から「円いリングは作れないから興行的に四角になったんだ」っていう。そうしたら猪木さんのなかで「円」っていうのが頭に残っていたというのはあったと思う。

――だから古舘さんは村松友視さんもそうですけど、猪木に魅了された男たちが自らもアントニオ猪木を補完していく役割を担うようになるというか、原さんもそのひとりだったんですよね。

原　猪木さんはその中からどっかだけ、感じたものだけを抜いていくんですよ。だから俺には好きに言わせておくんですよ。昔、札幌あたりで新聞記者を集めて食事会をやって、「なんでも言ってくれ」っていう場もあったんだけど、そのときは記者からそういうアイデアが全然出なくて猪木さんはおもしろくなかったみたいで（笑）。人をいっぱい集めてしまうと逆に出ないいんですよ。で、おもしろくないし、収穫がないんでそれをやらなくなったの。

――言っても相手は天下のアントニオ猪木。そして同業者もいる前で「それ、つまんねえな」とは言われたくないっていう緊張感も絶対にあると思うんですよ（笑）。

原　もう何も言わないんだよ（笑）。でも、たぶん宇宙がどうとかっていう発想はないと思うよ。いまの時代だったらあるかもしれないけど。カネを払ったり話題性があれば、いまはなんでもできるわけだから。

――宇宙葬は本当にエンターテインメントにおける先駆者となったでしょうね。

原　それを話したのが例のIWGPでの舌出しから1カ月後だから。それからまた1カ月後にはタイガーマスクが引退するっていう話になって（笑）。蔵前で「新しいリングネームを募集しています」ってリングに上がって言っていたのにね。

「猪木さんの視線がけっこう上だったから2階から撮ってもハマったけど、いまのレスラーはみんな視線が下だからハマらないかも」

――こう言っちゃ失礼ですけど、宇宙だったりとか原さんはやっぱり高いところが好きっていうか（笑）。

原　いや、べつに高いところは好きじゃないよ。

――原さんにまつわる狂ったエピソードだと、いつも猪木さんの延髄斬りをリングサイドで撮っていて、もう違う角度で撮りたいとなって、あれは東京体育館ですよね？

原　そうそう。

――東京体育館の天井裏から撮ったっていう（笑）。

原　でも、あれはちゃんと準備しているからね。力道山vsデストロイヤーを撮った本人に取材したの。

――あっ、あの有名な足4の字固めを上から撮った写真。あれを撮った人ですか？

原　そうそう。スポニチの宮崎仁一郎さんという人。宮崎さんは川上哲治の胴上げを、7メートルある竹竿の先にカメラを付けて魚眼で真上から撮ったり、王貞治が甲子園で阪神ファンに下駄で襲われた有名なシーンとかも撮った人で、俺がスポニチに入ってからそのことがわかって、「あれは俺が撮ったんだよ。最初、天井に上がって行ったら、あとから報知とか日刊が来たんだよ」と言っていて。だから俺の天井に上がろうとなったときに、どれくらいのレンズの長さが必要かっていうのを聞いておかないとと思って。

――何を持って上がっていけばいいのか。

原　そう。いまは新しくなったからどうなっているかわからないけど、あの頃は扉を開けて入って行ったら真上まで行けた。あとはリングの真上にテレビ中継の照明があるときは邪魔なものが写っちゃうけど、力道山のときはなかったから、それと同じ条件の日じゃなきゃいけなかった。あの頃はケロちゃんが上からマイクを吊っていたからその鉄線だけはあるんだけど、まあ問題はなかった。

――そのときに「地球は青かった」ならぬ「東京体育館の天井裏は綺麗だった」という言葉を残されて（笑）。

原　びっくりするくらい綺麗だったんだよ。だってさ、東京オリンピックの前にできた体育館でしょ。宮崎さんが上がったときはできたばっかりだから綺麗じゃん。

――それと前々から気になっているのは原さんはリングサイドで自由に撮影できるのに2階から撮っているときがありますよね。あれはなぜですか？

原　2階に行くのが好きだったんだよ。俺は「どうしてもリングサイド」っていうのはなかったの。

――どっちで撮るかっていうのは原さんのアドリブですか？

原　アドリブ。べつにリングサイドがダメって言われてもいなくて、2階が好きなんだもん。だから3回に1回は上から撮ってたんじゃないかな。晩年とかでも両国でのマサ斎藤とのロープを外した試合とか。まあ、2階から撮ってハマったときもあるし、ハマらないときもあるよね。

――「リングサイドのほうがよかったかな」と。

原　でも「今日はこっちでよかった」っていうときもあるから。

――それは当日のカードとかによって決めるんですか？　それとも気分ですか？

原　まあ、大阪に行くときとかはレンズとか重いから。

――地方ではリングサイド（笑）。両国は家の近所だから2階でも準備していける。

原　うん。それはさ、最初に蔵前に入れてもらえるようになったときはリングサイドばっかり行ってたよ。でも、やっぱり上もいいなって。だから後楽園のバルコニーから撮るのとかもけっこう好き。長州の噛ませ犬のときもハマったの。

――そういえば、あの日の写真も上からですね。混乱の全部が撮れるっていう。

原　それとね、猪木さんの視線がけっこう上だったから、上がハマるんですよ。だからいまのレスラーが上でハマるかと言ったら、そうとも言えない。みんな相対的に視線がけっこう下だから。

――なるほど。猪木さんは会場のいちばんうしろの客を見ていたっていう話もありますよね。だから2階からの写真でも猪木さんと目が合っているような感じがありますね。

原　だからちょうどピッタリくるんですよ。

「猪木さんにはなかなか言い出せなかったけど、国会議事堂の前でガウンを着て撮ったときは俺もけっこううれしかったよ」

――ああ、たしかに。猪木さんって原さんのどこが気に入ったんですかね？

スポーツ平和党

原　なんだろうね？　あまりしゃべらなくて、うるさくないからじゃないの。

――何か下心とか野心を持っているわけじゃないというのも大きいですよね。ただ撮りたいだけっていうか。

原　ただ絵柄にだけこだわってる。猪木さんをどれだけ凄く撮るかというのだけこだわってたから。でも、ある時期から「ありのままでいいか」って思い始めて。身体が衰えてくるとね。

――無理に凄い姿を撮るのではなく、リアルな姿を。

原　うん。そう途中から変わったの。それでもカッコよさっていうのはあるから。でも、なんだろうね。「めんどくせえな」って思われていることもあったかもしれないね（笑）。だって、むちゃくちゃでしょ。ガウンを着て国会議事堂の前に立ててとか。

――あれはアイデア自体も原さんですか？

原　そう。あれは月プレ（『月刊プレイボーイ』）だったから、ちゃんと集英社のスタジオから小道具まで用意してあったの。そこで俺は「いや、やっぱり生ですよ」と。

――生。

原　「やっぱり本人に国会議事堂の前にガウンで立ってもらわないと」ね。

――「もらわないと」？（笑）。

原　もともとガウンとリングシューズは手配して、付き人だった飯塚（孝之）が持ってきてくれてた。飯塚は「なんでこんなところで猪木さんのガウンとシューズが要るんだ？」っていう顔をしてたよ。その時点ではそれをやるっていうのはまだ言っていないから。それでのちに週プレの編集長をやる集英社の田中知二さんが「猪木さん、ちょっと原さんが『どうしても撮りたい写真がある』って言ってるんですけど……」って言ってくれて（笑）。

――「ボクが言っているわけじゃなくて……」と（笑）。

原　俺もちょっと言い出しにくくて（笑）。しかもスポーツ平和党の看板を外してきていて、運転手付きのハイヤーにすでに積んであるの。

――党の事務所から！（笑）。

原　そう。事務所の入り口にあったのを「ちょっと使います」って言って外してきて、ハイヤーに積んであったの。

――道場破りですよ、それ（笑）。

原　それで取材は近くでやってたんだよ。神保町の料理屋で15時くらいに遅い昼食を食べながら話を聞いて、そこで気になっていたのは天気がよくないし、あまりゆっくりしていたら暗くなっちゃうなと。

――こっちの勝手な都合ですけどね（笑）。

原　それで俺は外ばかり気にしてて、次の号で使うポジフィ

ルムを猪木さんに見せて「これ、どうですかね？」とかやってて。べつにそんなのは本人とやらなくてもいいのに。

――なかなか言い出せずについ余計な動きをして（笑）。

原　それでまあ、「国会議事堂の前に行きましょうか」って言ったら、「うーん……」っていう顔をしていて、嫌だとは言わないから「じゃあ、猪木さん、行きましょう」って。それで車の中でガウンに着替えてもらって。

――すげー。

原　それで猪木さんは10分も乗っていないのに、車中で一度寝ちゃったんだよ。だから起きたら凄くめんどくさそうな感じだったんだけど、いつものように紐を通してリングシューズを履いて、ガウンを着たら、ピシーッとして。それでまた編集者も口が上手いから「猪木さん、歴史的な写真になりますよ！」なんて言って、俺も調子こいてクルマが走ってくる道路の真ん中に立ってもらって。もちろん危ないからひとりが交通整理をしてね。それで観光バスなんかが通ってくるとクラクションを鳴らしていくんだけど、やっぱり乗ってる人が窓を開けて「猪木ー！」って声をかけてくるから猪木さんもちょっと気合いが入ってきて（笑）。

――猪木コールでスイッチが入る（笑）。でも議事堂前の警備的には大丈夫だったんですか？

原　警察にしてみたら本当はダメなんだけど、猪木さんがいるからみんなじっと見ている感じで大丈夫だった。結局、夕方の16時半くらいだったんだけど、逆に陰っていたのがよかったのかな。

――担当編集者のおべっかじゃないですけど、本当にあれは歴史的な写真ですよ。

原　だって、そんなの誰も考えないでしょ。

――ボクは大学生のときにあの写真を見て、最初合成だと思っていましたよ。合成にする意味もわからないなと思っていたんですけど（笑）。

原　だからすぐに現像に出して、2時間くらいであがってきたんだけど、田中さんも「これ、見ろ！　合成じゃないからな！」って編集部じゅうに見せて歩いてた（笑）。あれは俺もけっこううれしかったよ。

――マジで猪木信者は全員、原さんに感謝しなきゃいけないですね。

原　でもさ、言ってみるもんだよね。アイデアはあるし、「猪木さんだから言えばやってくれるだろう」とも思ったけど、あのときはちょっと言いづらかった。でも次の〝国会カメラ持ち込み事件〟は簡単だったんだよ。

「国会での自撮り写真を見た共同通信が『これはなんだ!』みたいになったんだけど、猪木さんは『どうってことねえよ』って」

——出ました、初登院の日に猪木さんに自撮りをしてもらったやつですね(笑)。

原 あれは初登院の2日前に俺が思いついたの。当時はまだフィルムカメラで、国会記者クラブじゃないと中で写真が撮れないわけ。それで何かいい方法がないか考えて。

——どうしても自分のカメラで収めたいと。

原 それでカメラのモータードライブとかを全部外して、ちっちゃいって言ってもニコンF3だからボディだけでもわりとサイズがあるんだけど、それに魚眼レンズをくっつけて、猪木さん本人に撮ってもらうと思ったの。

——元祖・自撮り(笑)。

原 それからカメラを入れる箱を作り始めるの。2日前の夜に(笑)。たまたま家に何が入っていたかわからないけど、ピッタリのいい大きさの白い箱があったの。それで自分でカメラを置いてみて、手を伸ばしたくらいのところに置くとピントが70センチから1メートルくらい。魚眼レンズだからどこにもピントは来るんでカメラの角度も全部決めて、フィルムを入れて、シャッタースピードは30分の1。これでセルフ

タイマーならいけるなと思って、それを前日の夕方に議員会館に持って行った。

――カメラを箱に入れて、もうやってることはスパイですよ。

原　そのときは俺もうれしそうな顔をして、「猪木さん、いいものを持ってきたので、ちょっと開けてみてください」って言って、猪木さんが箱を開けたら「おっ、カメラか」って。それで「おもしろそうだな」と。

――猪木さんも乗ってくれたわけですね。

原　「猪木さん、これはもうフィルムを巻いてあるので」って言って、そのときに練習もしたのかな。「押したら10秒後にシャッターがカチャッと落ちます。1回でいいんですけど、もし余裕があったらここのレバーで巻いたら、もう1回同じことができますよ」っていう説明をしたの。それを猪木さんが聞いていて、「じゃあ、明日な」って、そのカメラを議員会館に置いていったの。で、俺は当日は傍聴席から見ていたんだけど、猪木さんが白い箱を持って入ってきたんでうれしかったね（笑）。

――うわあ、それは興奮しますよね。「おー、持ってきてくれた！」と（笑）。

原　猪木さんが持っていると本くらいにしか見えないわけ。本の持ち込みは禁止じゃないし、当時は撮影するのは禁止とかどこの要項にも書いていないの。

――原さん、要項を洗うのは得意ですからね（笑）。

原　だから、たぶん持って行っても大丈夫だと思っていたし、俺は国会について詳しくは知らないけど、いまはスマホがあるから完全にダメになったみたいなんだけど、あの当時に本当のカメラを持って入る人はいないじゃん。

――その発想がないから禁止する必要もなかったわけですよね（笑）。

原　そう。しかも自分でカメラを持ってきて自分を撮る人もいなかったわけ。

――ヤバいヤツですよ（笑）。

原　そう。ヤバいヤツ。それで俺はもう猪木さんがカメラを持って入ったのを確認したから、そこにいてもしょうがないじゃん。だからすぐに出て、議員会館で待ってた。

――動きがスパイ軍団のボス（笑）。

原　そうしたら猪木さんが帰ってきて白い箱を渡してくれたから、「どうでした？」って聞いたら、「念写しておいた」って。

――「念写しておいた」っていいですね（笑）。それでまた、猪木さんの表情もいいんですよね。

原　あれは全部で3コマ撮れてるの。だから猪木さんは自分で2回巻いたんだよ。言った通りにやってくれてて。たぶん使ったやつは3枚目の写真だと思うんだけど、うしろに中曽

根さんの息子さん（中曽根弘文）が写ってて、笑っているから気づいてるわけ（笑）。

――「おっ、猪木が何かやってるな？」と。余裕の初登院ですね（笑）。

原　余裕の初登院。それが月プレのグラビアに載るんだけど、「撮影：アントニオ猪木　プランナー：原悦生」っていうクレジットで（笑）。でも、それが出たときはなんの話題にもならなかったの。だから「せっかくやったのにちょっとつまらねえな……」って思っていたら、猪木さんから電話がかかってきて「あの写真さ、国会議員の写真展に出したいんだけど」って言われて。

――国会議員が撮った写真展。

原　それであの写真を大きくして渡したら、猪木さんが写真展に出したわけ。そうしたら、出したところまではまだ何も問題になっていなかったんだけど、その写真を見た共同通信が「これはなんだ！　こんなことをやっていていいのか？」みたいになっちゃって。

――「猪木なら何をやっても許されるのか！」と。

原　「これからはやらないように」って言われたみたい。自分たちができないことをやられると、彼らはすぐに食ってかかるんだよね。でも当時の規則には何も触れてないし、記念写真を自撮りで撮っただけだからね。ただ、場所が凄かったっていうだけ（笑）。だから月プレの田中さんも「どうせ騒ぐなら、雑誌が出たときに騒いでくれたらいいのに」って。

――猪木さんはどういう反応だったんですか？

原　俺が「猪木さん、なんかまた怒られたみたいですね」って言ったら、「どうってことねえよ」って（笑）。

――さすが！（笑）。

原　あっ、その写真展に出したときにタイトルは猪木さんが自分でつけたの。『私は優等生』。1年生議員じゃん。そこをあえて優等生にして「こんなことをして」っていうのも含んでるの。

――マジで天才ですね。めちゃくちゃいいタイトルですね。

原　凄いよね。

「1時間くらいして猪木さんが起きてきて『みんな来てるのに、なんで起こしてくれないんだよ』って怒ってた（笑）」

――さて、笑い話から大きく話を変えますが、晩年、猪木さんが身体の調子を悪くされたとき、ずっとご自宅で療養をされていたじゃないですか。原さんはどれくらいの頻度で会いに行かれていたんですか？

原　まず俺が自分でアウトを食らってたんだよ。コロナにか

かって。

――原さん、重症化して大変だったんですよね。

原　だから俺がコロナになる前に猪木さんと会ったとき、「今度は忘年会ね」みたいな話をしたんだけど、俺がコロナになって入院して、そこから猪木さんも入院しちゃっているんだよ。俺は3カ月くらい入院しちゃって、それから出てきてもすぐには行けないから、猪木さんがちょっと落ち着いて会えるようになってからだけど、月1くらいじゃないかな？

いつも猪木さんのお世話をしていた方から電話がかかってきて、「ご飯を食べに来ませんか？」っていう感じ。それで途中で引越しをしたりしてからは本人から直接電話がかかってきて。

――そこで猪木さんとはどんな会話をされていたんですか？

原　ほとんどしないんだよな。

――ただ一緒にいるだけ？

原　うん。9月の初めのときは村松さんや古舘さんもいたから、俺は話を聞いているほうで。「次はうなぎを食べたいね」とか「豚足をちょっと食べたい」とかって言ってた。あっ、そうそう、そこで勝手に高いワインを開けたんですよ。

――なんでですか？（笑）。

原　みんなで飲もうってことになって（笑）。でも、ちゃんと開けたあとに猪木さんに報告はしたから。そうしたら「おう、いいのを開けたな」って（笑）。猪木さんはその頃はもう炭酸水しか飲まないから。最初の頃は日本酒やビールを乾杯のときだけ飲んでいたけど。

――最後にお会いしたのは、猪木さんが亡くなる4日前ですよね？

原　そうそう。前日に「明日なにしてる？」って電話がかかってきて、「なにしてる？」っていうのは「来い」っていうことだからね。だから「家にいますけど」って言ったら、「じゃあ、明日」って。それで行ったんだけど、その日は本当に調子が悪かったの。

――前日の電話口でも調子は悪かったわけですよね？

原　いや、そんなことはないよ。

――その日によるんですか？

原　うん。電話をくれた日はそんなに悪いとは思わなかった。それで翌日行ったら珍しく寝てて、「猪木さんを起こさなくてもいいから」って言ってたんだけど、1時間くらいして猪木さんが起きてきて、「みんな来てるのに、なんで起こしてくれないんだよ」ってお付きの人に怒ってて（笑）。

――そう言われても起こせないですよね。

原　それでちょっと食事したんだけど、やっぱり調子が悪かったんで1回ベッドに引き上げたんだよね。それで古舘さんは翌日にテレビか何かがあるので、「ちょっと先にベッド

のところで話してくるわ」って行ったら猪木さんは寝ちゃっていたみたいで、古舘さんは先に帰って行ったの。それで「俺たちもあと30分くらいしたら今日は帰りますかね」って言ってたら猪木さんが起きてきて、いきなり話し始めたの。それがけっこう盛り上がって。

――どんな話をされたんですか?

原　盛り上がったといっても10分くらいなんだけど、旅の話になって「馬鹿のひとり旅」っていきなり言うわけ。でも声がちっちゃいから聞き取れないじゃん。だから「えっ?　馬鹿の、なんですか?」って聞いたら、「馬鹿のひとり旅」って。で、その言葉を繰り返したら、猪木さんはうなずいて満足そうにまたベッドに戻って行った。

――「ひとり旅」なんですね。

原　それを「また旅に行きたいな」っていう話をしたあとに言った。そのまえに「どこに行きたいですか?」っていう話になって、「パラオですか?」って聞いたらそれには反応しなくて「アメリカ」とか言ってたから「アメリカは何がいいですかね。昔行ったホットドッグ屋でも行きますか?」って言ったら、それには首を振ったんだよ。「じゃあ、アップルパイはどうですかね?」って聞いたら、ちょっと顔をあげて「ああ、アップルパイか……」って。そのくらい。でも「旅に行きたいよね」っていう話をして、それから猪木さんはベッドに行ったのに、大変なのにわざわざ戻って来て言った言葉が「馬鹿のひとり旅」って一言だけ。それだけを言うためにまた戻って来たんだなと思って。

――どういう意味だったんでしょうね。

原　そのあと俺はベッドの脇に行って、猪木さんの横に30分くらい座っていたんだけど、そのあいだは目は合うけどふたりとも何もしゃべらなくて。ベッドからちょっと離れた足もとに、おじいさんと一緒に写ってる子どものときの猪木さんの写真が置いてあった。

――おじいさんとのツーショット写真が。

原　ツーショット。ちっちゃなモノクロの写真で、あまり綺麗じゃないんだけど。昔はその写真をカバンの中に入れていたのを見たことがある。でもね、1年経つのが早いよね。

原悦生（はら・えっせい、はら・えつお）
1955年生まれ、茨城県つくば市出身。写真家。
早稲田大学を卒業後、スポーツニッポンの写真記者を経て、1986年からフリーランスとして活動する。16歳のときに初めてプロレス観戦して、そこでアントニオ猪木を撮影して以降、約50年プロレスを撮り続けている。猪木とともにソ連、中国、キューバ、イラク、北朝鮮なども訪れた。サッカーではUEFAチャンピオンズリーグに通い続け、ワールドカップは1986年のメキシコ大会から10回連続で取材している。著書に『猪木の夢』『Battle of 21st』『アントニオ猪木引退公式写真集 INOKI』『1月4日』、サッカーの著書に『Stars』『詩集 フットボール・メモリーズ』『2002ワールドカップ写真集 Thank You』などがある。AIPS国際スポーツ記者協会会員。

兵庫慎司のプロレスとまったく関係なくはない話

第100回　生きていることが老害

おお。連載100回だ。と、自分でアピールしないと誰も言ってくれないので、まずそう書いておく。なお先日、連載スタート8年半にして初めて、本誌井上編集長と飲みました。

では本題。僕は今、この原稿を、山陽新幹線新山口駅前の東横インで書いている。中国・関西地方のイベンター、夢番地が、山口きらら博記念公園で行っている野外フェス『ワイルドバンチ』に、初めておじゃました、その初日（3日間開催です）が、今日だったのだ。毎年『ワイルドバンチ』が終わると、その年の写真やレポなどをまとめた本を夢番地が作っていて、そこにちょっと原稿を書く、という仕事なのだが。

その取材陣、僕以外は中国地方の各県でラジオパーソナリティーをしているみなさんなのですね。で、1日が終わると全員で集まって、その日のアクトひとつずつについて話して、それをまとめて座談会形式のレポにする、という作業がある。自分もなんとなく、それにも参加することになった。

そのなかのひとりが、広島で番組を持っている27歳男子で、彼はこの日はザ・クロマニヨンズと10－FEETで、泣きながら全曲一緒に歌って声を嗄らしていたほどの、熱いロックファンである。なので、座談会の時も、話す言葉に自分の思い入れがこもる、のはいいのだが。彼が発するひとことひとことに、いちいち動揺させられてしまうのだ、いかんともしがたく。

「10－FEETは、僕が大学生の時に聴いた『ヒトリセカイ』が――」

え？ 大学生の時？「ヒトリセカイ」ってつい最近じゃん。彼の話に相槌を打ちながら、そっとスマホで調べてみる。「ヒトリセカイ」、2017年2月リリースの曲だった。6年半前、なので27歳の彼は確かに大学生。6年半も経ってたのか。まさにあれである、伊集院光がよく言うところの「ジジイにとって10年前は最近」現象である。

その彼の発言からの、然るべき会話の流れを考えると、それに続いて何人かが「自分にとっての10－FEET」みたいな話をした方がいいのだが。

言えませんて。初めてライブを観たのは、渋谷O－WESTのイベントで、マキシマムザ ホルモンとかと一緒に出ていて、前の

兵庫慎司

兵庫慎司（ひょうご・しんじ）1968年生まれ、広島出身・東京在住、音楽などのライター。今読み直して気がついたけど、この原稿、「今日はワイルドバンチの初日です」で始まっているのに、最後が「では会場へ向かいます」ですね。一晩経っとるやないか。つまり、初日が終わって東横インにチェックインして書き始めたが、途中で力尽きて寝て、朝起きて続きを書いて、出発の時間までに仕上げました、ということです。失礼しました。

レーベルにいた最後の頃で、もう「RIVER」はやってたから……あ、2002年10月リリースのシングル「RIVER」、ロッキング・オン・ジャパンでディスクレビューを書いた記憶がある。ライブはその数カ月前だったから、21年前だ、やっぱり。どうでしょう。言えないでしょう。「俺はその頃から知ってた」というマウントにしかならないし、そんなの。

なので、雷と雨で中断するかと思ったけど、始まって15分でどっちも止んでよかったですよね、みたいな話をして、お茶を濁したのだった。

10-FEETでそんな按配なんだから、ましてやザ・クロマニヨンズをや。ザ・ハイロウズの結成は1995年、その休止とザ・クロマニヨンズの結成は2005年。27歳の彼が、いくつからロックを聴いているのか知らないが……あ、自分がロックに目覚めたのは10-FEETだ、って言ってた。じゃあ物心ついた時にはすでにザ・クロマニヨンズが活動していた、ってことよね。

そんな彼の話を継いだひとりが、「クロマニヨンズだけ、他のバンドとは出音、違いましたよね」という話をはじめた。ついそれにのっかって「ですよね、やっぱりリズム隊が違うんですよね」まで言ってから、慌てて口をつぐんだ。

ドラムの勝治は、ガーゴイルというV系でメタルなバンドのドラマーで（1990年代前半のデビューだったと思う）、重くて速いドラムを叩かせたらピカイチ。

ベースのコビーは、1992年くらいのデビューだったと思うが、早すぎたミクスチャー・バンド、ソイ・ソース・ソニックスのメンバーとしてデビュー。当時は短めのドレッドヘアーで、ベースを胸くらい高く持って、スラップしまくっていた。

つまり、そういう、ジャンル違いの凄腕のリズム隊が、シンプルでパンキッシュなヒロト&マーシーのロックンロールに帯同している、というのがザ・クロマニヨンズのおもしろさだし、シンプルなアレンジなのにあんなに音がごっつい理由のひとつではないか、と、僕は思っているのだが。

いる？ そんな話。この座談会において。いらないよね。ただのひけらかしよね。「俺はこんなに詳しい、ソイソースとか取材してたし。あ、もちろんザ・ブルーハーツからリアルタイムです」っていう、単なるマウンティングよね。

ゆえにその時も、「ヒロトの『ジェー』のポーズ、今日は通算6回でしたね」などという話で、うやむやにしたのだった。

まあそもそも、「クソジジイが若い人たちの座談会に混じってんじゃねえよ」って話以外の何ものでもない、という自覚は、強烈にあるんですが。ただ、逆に、デビューしたばかりの新人バンドに関しては、彼らの方が全然詳しかったりするので、フラットに楽しく話せるんだけどなあ。

無意識に老害にならないよう、気をつけて生きよう。と、ここ数年、己を律してきたつもりだったが、「存在するだけで老害」「生きていることが老害」なステージに、いよいよさしかかってきた、ということを実感している。『ワイルドバンチ』、2日目の今日（9月17日）のラインナップだとウルフルズ、3日目の明日（9月18日）だとCoccoあたりが、10-FEET&ザ・クロマニヨンズと同様の注意が必要です。

では会場へ向かいます。

柔術で世界一の快挙達成!!
おもしろい人がどうしてそこまで強くなったかを検証!!

収録日：2023年9月13日
撮影：タイコウクニヨシ
写真：© 井賀孝 /JIU-JITSU NAVI
聞き手：大井洋一
構成：井上崇宏

おもしろい人はなぜおもしろいのかを
調査する好評連載・第33回

福島善成（ガリットチュウ）

ワールドマスター柔術選手権優勝

「お金も大事だけど、どう自分の人生を楽しく充実させるかを
目指していました。みんな柔術をやったほうがいいです。
マーク・ザッカーバーグやイーロン・マスクも
『こんな効率がいいスポーツはほかにはない』
って言っていて、その通りですから」

IBJJF
WORLD MASTER

『アメトーーク！』で「泥の97年デビュー組」という特集が組まれたのは2009年でした。

「97年デビュー組」というのはおもに東京NSCでいうと2期にあたる芸人たちで、それがなぜ「泥」なのかというと、世の中的にはなかなかスポットが当たらず、その売れなさ加減をそう表現していました。

また「泥の97年デビュー組」というのは「華の4期」という言葉の対局にあり、NSC4期であるロバート、インパルス、森三中らはデビュー当初から華々しく売れていたことから名づけられたものでした。

1997年のデビューから26年が経ち、泥にまみれていた芸人たちはどうなっているのか。

カリカの家城啓之は「マンボウやしろ」として東京FMの夕方の帯番組のパーソナリティを10年以上も務め、さらにドラマ脚本家としても活躍。3年前から大阪に拠点を映したハローバイバイ金成公信は「千葉公平」と名前を変え、よしもと新喜劇で座員総選挙2位に躍り出る快挙を成し遂げ、その元相方、セキルバーグこと関暁夫先生は都市伝説で一世を風靡し、何かのイベントで日本を憂いて涙していました。

ちなみに格闘技界隈ではおなじみの神宮寺しし丸さんもNSC2期です。

だれもかれも異端にして唯一無二。

そんな泥の中から最後に出てきたのは、ガリットチュウ福島さんでした。

まさか〝柔術世界一〟の称号を手に出てくるなんて誰が予想したでしょう。

こういうオリジナルのキャリアを作っている人ってカッコいいですよね。（大井）

「六本木を歩いていたらパトカーがブーンと来て、窓が開いたと思ったら『おめでとうございます』って言われて（笑）」

――福島さん、ワールドマスター柔術選手権優勝おめでとうございます！

福島　優勝しちゃいました（笑）。

――いやいや、世界一ですよ。優勝してから生活は変わりましたか？

福島　優勝した直後は、マジでLINEが400〜500くらい来ましたね。それで日本でも朝のニュースで全局ぐらいで流れていたらしいですし。もちろん、今回は岡田（准一）さんや玉木（宏）さんも出てくれたからこそニュースになったっていうのも大きかったですけど。

――それについての心境は追い追いお聞きします（笑）。

福島　それで地元に帰ってきて歩いていたら、知らないおじさんやおばさんからも「おめでとう！」って言われて、きのうも六本木を歩いていたら、パトカーがブーンと来て、窓が開いたと思ったら「おめでとうございます」って言われて「あざっス！」って（笑）。

――国民的スター！（笑）。

福島　オリンピックで金メダルを獲ったらこんな感じなんだろうなっていう疑似体験をさせてもらっています（笑）。

――現地（ラスベガス）には何日間行ってたんですか？

福島　ええっと、7日間ですね。

――仕事を休んで（笑）。

福島　そうです（笑）。

――福島さんにとってワールドマスター出場2回目で、「今年はどうしても優勝したい」と言っていて。

福島　そうですね。いちおう日本国内では負けなしなんで。ポイントも1ポイントも取られていないっていう（笑）。

――マジで凄いですね（笑）。

福島　あと前回のワールドマスターで悔しい負け方をしちゃったんで。ボクが完全に有利なポジションだったんですけど、ボクにだけルーチが入って「攻めていない」っていう警告ですよね。それで「ん？」となって慌てた瞬間に返されちゃったんですよ。厳しい世界だなと思って。

――そもそも柔道をやっていたんですよね？

福島　はい。ボクは天草の出身で、柔道王国の熊本でやっていたんですけど、天草市内では何回か優勝とかもしたんですけど、熊本市に行ったら化け物ばっかで。内柴正人選手ともやったことがあるんですよ。

――内柴選手も熊本ですね。

福島　ボクの1コ下なんですけどめちゃくちゃ強くて、ジュニアオリンピックで優勝していたんですよ。ボクはそれに3分もったっていう（笑）。だから中高、県大会でベスト8とかですね。

――高校は柔道の推薦で？

福島　いや、普通に家からいちばん近い地元の学校です。その頃はもうお笑い芸人になりたくて、柔道はそんなにやる気がなかったんで。

――もともと柔道を始めたきっかけはなんだったんですか？

福島　格闘技がめちゃくちゃ好きで、本当は空手部に入りたかったんですけど、なかったんで柔道部に入ったって感じですね。そうしたら、たまたま山下泰裕先生の弟子で全国チャンピオンにもなった先生が中学の柔道部の監督で、腕立て300回とかやらされて（笑）。

――公立の中学で、やたら厳しい柔道の英才教育があったわけですね（笑）。

WORLD MASTER
IBJJF

福島　そうです。ボクはその中学3年間の貯金だけでずっと生きてるっていう（笑）。本当にその当時から東京に行ってお笑いをやるつもりだったんで。

「この世に生まれて、明確な世界一になりたかったので、柔術に誘われたときにバイーンと稲妻が落ちた」

――でも、いちおう地元の高校に行って。

福島　同い歳の大井さんだったらわかると思うんですけど、当時ってまだインターネットもなければ情報もまったくない状態のまま、あの天草の島で幼少期からお笑い芸人になるって決めていたんですよ。イカれてないとできなくないですか？　いまでさえネタの作り方とかまでネットやYouTubeとかで調べられる時代ですけど。

――ボクは東京出身だからその感覚がないけど、もし地方出身者だったら、たぶん東京には出て来ていないだろうなって思います。それくらい情報ってなかったですよね。

福島　まったくないんですよ。『ホットドッグ・プレス』って雑誌があったじゃないですか？　じつはボク、あれに大崎（洋）さんのインタビューが載っていて、その写真に「東京吉本NSC生徒募集」っていうポスターが写り込んでいたんですよ。

――「そんな養成所みたいなところがあるのか」と。

福島　でも、そのポスターに書いてある電話番号の最後の1桁だけが写ってなくて、数字を1個ずつ押して電話をかけましたからね（笑）。

――やっていることが探偵ですね（笑）。でも昔は検索する術がないからそんな感じですよね。

福島　それで「あそこにどうやったら入れるんだろう？」と思って。

――それがいくつのときですか？

福島　高校3年のときですね。

――あくまで柔道は部活で趣味的にやって、高校を卒業したら上京して芸人になろうっていうことでNSCに入った。

福島　はい。それで高校卒業と同時にNSCに入って。ボクらは2期生で250人くらいいて、いまコンビとして残っているのはボクらだけですね。みんな解散しました（笑）。

――じゃあ、いまキャリアは何年ですか？

福島　26年なんですけど、ギュッとしたら3カ月くらいですよ（笑）。

――そんなことはないと思いますけど（笑）。2年くらい前に、20年以上の芸人キャリアを持つ福島さんから「大井さん、ちょっと本格的に柔術をやりたいんですけど」っていう相談をしていただきましたよね。

福島　そうでしたね。

――柔術はそのまえからちょこちょこやっていたと思うんですけど、本腰を入れて柔術をやろうと思ったきっかけはなんだったんですか？

福島　QUINTETを観に行ったんですよ。それで「あれ？　これだったら殴られないし、極められてもすぐタップすればケガも少ないいんじゃない？　いまからでもできるんじゃね？」と思って。

――以前から「福島は力が強いぞ」みたいな話はよく出ていましたけど、格闘技自体はやっていなかったんですか？

福島　やってないです。

――ただ中高での柔道経験者がQUINTETを観て、「これ、俺もいけるんじゃないの」って？

福島　いけるっていうか、やりたいなって。それで入ったのは柔術だったんですけど、すぐにグラップリングのほうにハマっちゃって。

――いわゆるノーギですね。

福島　ノーギで裸のまま闘うのが楽しいみたいな感じで。それでずっとやっていたらお話が来て、それでQUINTETで桜庭（和志）さん親子とやったんですけど、ボコボコにやられたんですね。ボクは所属も何もしていない野良のグラップラーだったんで（笑）。

――2021年7月の後楽園ホールですね。野良だったときは、知り合いの道場にちょこちょこ行く感じだったんですか？

福島　そうですね。ずっと同好会の道場で練習してるっていう感じでしたね。でもボコボコにやられたのが凄く悔しくて、そこからめちゃくちゃ練習しましたね。

――ちゃんと悔しくなかったんですね（笑）。

福島　だって言われるんですよ。「結局なんだったんだよ、アイツは？」みたいに。「あれ、なんなの？」っていう。

――出てきて、やられたことに対して。それを言うのは格闘技ファンですか？

福島　もういろいろなところから来たんですよ。それにめちゃくちゃ腹が立って、ずっとノーギの練習をしていたんですよ。そうしたら新明（佑介）さんとたまたま会ってメシを食って、「福島さん、もしよかったらワールドマスターを目指しませんか？」って言われて、「また柔術？」と思って。でも「ラスベガスでやるんですよ」って言うので「ラスベガスで試合をやって優勝したらモテるんじゃねえの？」って話をして。この世に生まれて、明確な「これは世界一だよ」っていう1位になりたいと思っていたんで、そのときにバイーンと稲妻が落ちて「やります！」って言って。

「酒の席で『俺、福島から一本取ったよ』って言いたいのか、相手は普段よりも1.2倍くらいで来るんですよ」

――「世界一になるのはこれだ!」と。

福島　それでボクは野良柔術家のままやれると思っていたんですけど、エントリーするときにちゃんとどこかに所属していないとダメだっていうことで、新明さんから「トライフォースはどうですか?」って聞かれて「じゃあ、トライフォースで!」ってなって、トライフォースの所属になりましたね。

――練習のペースとしてはどれくらいですか?

福島　週5かな。桜庭さんは「週4でいい」って言ってましたけど。

――桜庭さんよりも1日多く練習してると(笑)。それは仕事の合間を縫ってですよね。

福島　そうですね。だからベタにルミネの合間に行ったりとか、ヒールフックで足をケガして「ちょっとコントから漫才に変えるね」みたいなこともあったりして(笑)。

――自らのコンディションに合わせてネタを変える(笑)。

福島　あとは極力動かないコントに変更したりとか(笑)。

――柔術をやり始めて、「これは俺に合ってるな」っていう感触があったんですか?

福島　やっぱり、なんか勝っちゃうんですよ(笑)。

――なんか勝っちゃう(笑)。それは柔道のときとは違う感覚なんですか?

福島　柔道のときはまだ身体ができあがっていなかったんですよ。学生時代はめっちゃちっちゃくて、チン毛が生えたのも中2の終わりくらいで、それまで育毛剤を塗ってたんですよ(笑)。修学旅行とかに行って自分だけチン毛が生えていないときの気持ち、わかります?

――凄く気恥ずかしいでしょうね。

福島　ワキ毛が生えたのも19だし、成長が凄く遅くて、それもあって技術というか小細工が培われたという部分もあるんですけど。

――身体ができていないなかで生き抜く術を手に入れた(笑)。

福島　それが活きて、いま柔術で勝てているんじゃないかなって。あと、ボクが強くなった理由が1個あって、出稽古とかにけっこう行っていたんですよ。そうしたらヒマな人たちはボクのスパーリングを見てるし、相手はたぶん普段よりも1.2倍くらいで来るんですよ。なぜならば酒の席で「俺、福島とやったんだよ。一本取ったよ」みたいな。

――そう言いたいために気合いを入れてくる(笑)。

福島　それに対してボクも「負けるか！」って毎回やり続けていた結果です（笑）。

——全力の相手を全力で止めていたら強くなっていた（笑）。練習でありながらも毎回試合と同じような状況でやっているわけですね。

福島　そんな感覚でしたね。「おまえ、さっきまでとやる気が全然違うじゃん！」みたいな（笑）。

——柔術をやろうと思ったきっかけはQUINTETを観たからであり、芸人として何かお笑い以外のものも手に入れたいという気持ちもあったんですか？

福島　ああ。ボクは芸人のなかでもトップ5に入るくらいYouTubeを始めたのが早かったんですよ。登録者10万人もけっこう早くになって。ただ、毎回自分で撮って編集もしていたのに、当時の会社との配分や、相方（熊谷茶）とは折半だしで、「あっ、こんなもんなんだ」って思って。それでどんどんやる気もなくなっていって、ボクはゆっくり辞めていったんですよ。そのときにちょうどカジサックが出てきて革命を起こして、芸人におけるYouTubeというものをガラッと変えたっていう（笑）。

——もうひと粘りしておけば！（笑）。

福島　それはみんなから言われるんですよ。そういうのもあって、いまここで本気で柔術をやったらおもしろいんじゃないかなっていうのはありましたね。いままでって、そういうときに負けるのが芸人だったけど、そこで逆に勝ったほうがおもしろいんじゃないかと。それといま会社が「よしもとスポーツ」を大々的にやっているんで、ここでアスリート感を出していたら仕事も増えるかなって（笑）。

「お笑いでも『コイツには絶対に勝てないな』っていうヤツがいるんですけど『なんか毒針を一発、目ん玉にぶっ刺してやろう』って思うんです」

——ほかの芸人と違うことをやっていかないとポジションを作れないよねっていうのも。

福島　まあ、多少は。あっ、でもいちばんのめり込んだ理由はコロナ禍で仕事が激減したからですよ。本当にウソみたいに仕事が全部なくなったんですよ。それまでは営業芸人で全国をまわっていたのに、それがまったくなくなってしまい、それによって夫婦喧嘩も増えてきて。

——仕事がなくなるイコール、収入がないわけですからね。

福島　その現実をすべて柔術が忘れさせてくれたというか（笑）。柔術をやっているときだけは不安とか余計なことを考えなくなるんですよ。練習して疲れすぎて、「もうええわ」ってなる（笑）。

——練習中は自動的にほかのことを考える余裕を奪ってくれますからね。いま「営業芸人」という表現がありましたけど、芸人になって最初に目指したのはどういうポジションだったんですか？

福島　やっぱりウッチャンナンチャンですよね。ああいう感じでスタイリッシュに売れていくっていうのが理想でした。

——コントで売れていくと。

福島　それを目指してNSCに入った瞬間、「あっ、これは無理だな」と思って。

——それはほかの人たちを見てってことですか？

福島　そうですね。もう一瞬にして「これは無理だな」って。そのときに「テレビのグルメリポートとかで3番手くらいの芸人でいいや」と思って。「いいや」じゃないんだけど（笑）。

——それで世に出られればいいやと。

福島　そこを目指そうくらいに思っていましたね（笑）。

——あの、例の闇営業問題の話は触れてもいいんですか？

福島　全然大丈夫ですよ。2019年だったので4年前ですよね。

——やっぱり、あそこでのダメージはデカかったですか？

福島　デカいといえばデカいですね。当時、大手企業のCMを3本やっていましたけど全部なくなって、仕事自体も2カ月間なくなったんですけど、そこを家族で乗り越えたっていう。

——ご家族はどういう反応だったんですか？

福島　それまで子どもは学校に行っていたらワーキャーだったんですよ。それが2カ月間は犯罪者扱いの報道をされていて、子どもたちにとっては天国から地獄じゃないですか。「犯罪者の息子」みたいなノリだったんで。

——そのとき、お子様はおいくつだったんですか？

福島　小4と小6ですね。多感な時期で。でも、そのとき嫁がめちゃくちゃ強くて、「父ちゃんのことで何か言われたら〝正〟の字を書いてこい」って言って。それで息子に「今日は何回言われた？」って聞いて、息子が「5回だよ」って言ったら、「5回じゃおこづかいをあげられないな。10回言われてこい」みたいな。

——奥さん、めちゃくちゃ強い人ですね。

福島　それまで嫁はそんなタイプじゃなかったんですけど、なんか急にスイッチが入っちゃって。それで家族でなんとか乗り越えたんですよね。そのあと復帰したときによしもとの社員さんもサポートしてくれて、そうしたら仕事がめっちゃ増えて、年収が上がったんですよ（笑）。

——結果（笑）。

福島　結果的に（笑）。まあでも、テレビには出られなかったですけどね。

——テレビに出られないとか、やっぱり復帰してもいろんな

制約は感じました？

福島　めちゃくちゃありましたよ。「ここはいいよ」って言われていざ行ってみたら、そこのトップの人からＮＧが出たりとか。

――要するに仕事のオファーが来て、「やります」ってことで現場に行ってみたら、やっぱりダメだったっていう。

福島　直前に「ちょっと……」って。その場で崩れ落ちますよね。

――そういうのが何回かあったんですか？

福島　はい（笑）。

――そこで普通なら心が折れかけるじゃないですか。

福島　収入も復帰してから一瞬は上がりましたけど、すぐにコロナで減りましたしね。

――そこからもう1回がんばろうと思ったスイッチはなんだったんですか？

福島　スーパー負けず嫌いな性格が出ちゃっているのかもしれないですね。格闘技でも絶対に勝てない相手とかいるじゃないですか？　若くてめっちゃ強いヤツとか。お笑いもそうで「コイツには絶対に勝てないな」っていうヤツがいるんですけど、そこでも「なんか毒針を一発、目ん玉にぶっ刺してやろう」って思っちゃうんですよ。わからないですけど、ボクはその精神なんですよ（笑）。

「岡田（准一）さんが1勝したときは『すげー!!』ってなって、玉木（宏）さんも1勝したっていうLINEが届いて『ウソやん……』って」

――それでワールドマスターの話に戻しますが、福島さんがふたたび出るぞとなって、そのあと岡田准一さんも出る、玉木宏さんも出るんだってなりましたよね。

福島　まず、ボクは日本では負けなしで、去年（２０２２年）の大晦日もＲＩＺＩＮで（正徳）さんと柔術ルールでやって引き分けて、あのときに柔術界の人たちからは「すげー！」ってなってたんですけど。

――金原さんは黒帯ですからね。

福島　ボク、その金原さんとやったあとに足の手術をしたので自信があったんですよ。

――以前よりもコンディションがよくなったと。

福島　金原さんとやったときは足が痛くて動けなかったんですけど、手術をしてから足がめちゃくちゃ動くようになって、三角絞めがおもしろいくらい極まるようになったんですよ。それでアジア選手権で優勝したらポイントがめっちゃもらえるんで、それでワールドマスターのシード権をもらおうと思ってアジア選手権に出て優勝して、無事にシード権をも

らって「ワールドマスターに行きます！」と。

——そうしたら。

福島　岡田さんと玉木さんの参戦決定によってボクの名前が一瞬にして消えるっていう（笑）。でもおふたりのほうが柔術の歴も長いですし、芸能界でも先輩なので「それはそうだよな」と。でも、めっちゃ悔しかったですね（笑）。でも、ふたりとも一緒にクラスで練習させてもらったんですよ。

——ワールドマスターに行く前ですか？

福島　行く前ですね。そうしたら本当に週5、6で練習をされていて、終わったあとも「これから居残り練習をやる」って言って1時間くらいやってたんですよ。「えっ、俺よりも1000万倍忙しいのに、このあともやるの!?」と思って。

——同じクラスで練習していたっていうのは、いわゆるほかの柔術愛好家たちと一緒にやっているってことですか？

福島　やってますね。で、そのあと居残り練習もやっていたんで本当に凄いなと。しかもふたりとも国際大会、ワールドマスターが初めての試合っていう。

——いきなりすぎますよね。
福島　正直、ボクは「相当厳しいだろうな」と思っていたんですよ。だって、アメリカの柔術の競技人口だけでもう300万人いるんですよ。ボクが聞いていたのは「ワールドマスターで1回勝つということは、アメリカの大会で優勝するくらいの価値がある」と。だから、そこで勝てるわけないじゃんって思っていたんですよ。
——わかりますよ。そもそも「初めて試合をする」っていうことがいちばんデカいですよね。それも日本で試合をするんじゃなくて。
福島　そうなんです。
——生まれて初めて試合をするっていう緊張が絶対にあるじゃないですか。緊張を抜きにしても、初試合なんて絶対にうまくいくわけがないし。
福島　ボクも初めて試合に出たときは、勝ちましたけど、終わったあとに全身筋肉痛になって。
——水の中で動いているような感じですよね（笑）。
福島　そうそう！「俺、このあとどう闘えばいいんだ？」っ

てなるんですよ。それで今回のワールドマスターは、ボクの試合は3日目だったんですけど、岡田さんはすでに茶帯で1勝していたんですよ。「すげー!!」ってなって。

――「えっ、勝ったんだ!?」って。

福島　めちゃくちゃなプレッシャーのなかで茶帯で1勝って。それで3日目、玉木さんが12時からの試合で、ボクは16時だったんですけど、試合前にホテルで休んでいたら「玉木さんが1勝してる」っていうLINEが届いて「ウソやん……」って。

――試合とは全然違うところでプレッシャーを感じてきた（笑）。

福島　「これはヤバい。俺は2回目の出場だし、また3位とかじゃニュースにならねえぞ……」と思って、普段はどんなテレビ番組でも単独ライブでもしっかりと寝られるのに、それから一睡もできなくなって（笑）。

――アハハハハ！　本当は喜びを分かち合いたいところなのに（笑）。全部で何試合ですか？

福島　4試合ですね。それで3試合は一本勝ちで。

――決勝は死闘だったとのことですが。

福島　クローズドでずっと攻めて閉じ込めていたので、ちょっと疲れちゃったんですよ。でもなんとか。「あっ、これは勝つだろうな」と思いながらやっていましたね。

「いつかトム・ハーディとやりたいなと思っています。キアヌ・リーブスとイーロン・マスクには負けないです（笑）」

――今回の快挙があり、ここから先はどこまで行くんですか？　黒帯まで取る？

福島　もちろんです。大井さんならわかってもらえると思うんですけど、ボクは青帯になった瞬間に全日本マスターで優勝したんで、「アイツ、ずっと青帯巻いてるな」って思われているんですけど、最速でも来年1月末じゃないと次に上がれないんですよ。

――それはどういうルールなんですか？

福島　2年間ですね。

――どんな結果を出そうと青が2年間。好きこのんでここに留まっているわけじゃねえぞと。

福島　そうなんです。ボクは全部優勝してるし、ワールドマスターも獲ったけど、最速で来年1月末なんですよ。

――じゃあ、来年からは紫で出るわけですね。

福島　全日本マスターはそうですね。でもワールドマスターには出ないです。

――あっ、そうなんですか？　やっぱり負担がデカい？

福島　負担がデカいし、準備でめっちゃ時間を取られるし。
――そこに向けて精神もだいぶ削られると。
福島　精神が削られますね。
――岡田さんや玉木さんのような芸能人がやってくれていることによって、柔術が注目を集めて、それがうれしいと思う人もたくさんいるわけですけど。
福島　ボクもめちゃくちゃうれしいですね。最初、ニュースで自分の名前がなくなった瞬間に「ウソやん……」って思ったんですけど、しばらく考えて「でも柔術界にとってはプラスだし、柔術界にプラスってことは俺にとってもプラスだ」と思って。それで一緒に練習したときにふと思ったんですよ。大河ドラマとかに出られていて茶帯、しかも足関とか危険な技が無限にあるなかで、たとえすぐにタップしたとしてもバキッといく可能性だってめちゃくちゃありますよ。それでも試合に出る勇気、晒される勇気。
――本当にそうですよね。
福島　だって試合に出て、2秒で負ける可能性もあるわけですよ。「コンバッチ」って言った瞬間に飛びつき腕十字でバキッと折られる可能性もある。そこに国民的スターのふたりが出るって凄い勇気ですよ。ボクみたいなサンピン芸人とはわけが違いますから（笑）。
――柔術家としてはいつか黒帯を取る、そして芸人としての目標はどこにあるんですか？
福島　芸人として？　芸人としてはべつにないなあ……。
――あ、ない（笑）。
福島　柔術だと、以前からずっと言ってるんですけど、トム・ハーディとやりたいなと思っています。めちゃくちゃ力が強いらしいんですよ。
――身体もバッキバキですよね。
福島　ボクと同い歳で、紫帯でイギリスのチャンピオン。ボクももうすぐ紫帯なんでやりたいなと。
――エンターテインメント界での最強を決めようじゃないかと（笑）。
福島　キアヌ・リーブスには負けないですから（笑）。
――キアヌには負けない（笑）。
福島　イーロン・マスクにも負けないです（笑）。トム・ハーディは気性が荒い性格みたいで、機嫌が悪くなると楽屋のテーブルをひっくり返して帰ったりするらしいんですよ。もうワクワクしますよね（笑）。

「柔術はめちゃくちゃいいのになんでもっとみんなやらないんですかね？　テストステロンがめちゃくちゃ出るし、筋肉も短期間でつくし」

――ご家族はお父さんが柔術にハマり続けていることに対し

ては、反対も賛成もなしですか？

福島　どちらかと言うと最初は反対のほうが多かったですね。「また柔術に行ってんの？」みたいな。

——しかも、あの重い柔術着を持って帰ってくるわけですよね。

福島　あのクソ汗臭いのを（笑）。だから洗濯はボクが自分でやっています。オキシクリーンに漬けて（笑）。

——やっぱり柔術をやり始めてから、コンディションはよくなりましたか？

福島　めちゃくちゃよくなりましたね。

——見た目はだいぶ若くなりましたよ。

福島　ラスベガスでの最終日にカジノに行ったんですけど、お酒を頼んだら「身分証明書を見せろ」って言われたから「フォーティ・ファイブ！」って言ったら「ノー！」って。だからパスポートを見せたら「ワ〜オ！」って（笑）。

——見た目が未成年並みのコンディションを手に入れたわけですね（笑）。

福島　本当に柔術はめちゃくちゃいいですよ。なんでもっとみんなやらないんですかね？　だってボク、筋トレはいっさいやってないんですよ。腕立て伏せすらしなくて、たまに足回しをやるくらいで。

——それでそんなにパキパキになるんですね。

福島　男ってね、オス同士で組んだときにテストステロンがギューッと出るらしいんですよ。ベンチプレスをやってもテストステロンは全然出ないみたいです。

——テストステロンを出すには筋トレをやれ、ってよく言いますよね。

福島　筋トレじゃそこまで出てこないらしいんですよ。やっぱりオス同士がバシバシッと組んだときにドッキュンと出るらしくて、それで筋肉もつきやすくなると。だから柔術をやっているマーク・ザッカーバーグやイーロン・マスクが「こんな効率がいいスポーツはほかにはない」って言っているのも本当にそれで、短期間で筋肉がつくんで。

——でも本当に芸人屈指のコンディションのよさだし、人生を楽しんでいる感が凄く出てますよ。テストステロンもめっちゃ出てそうだし（笑）。

福島　あー、でも、たしかにそれを目指している自分がいましたね。お金も大事ですけど、どう自分の人生を充実させるか、楽しく生きるかっていう。

——また、福島さんの次なる一手に期待していますよ。

福島　押忍！

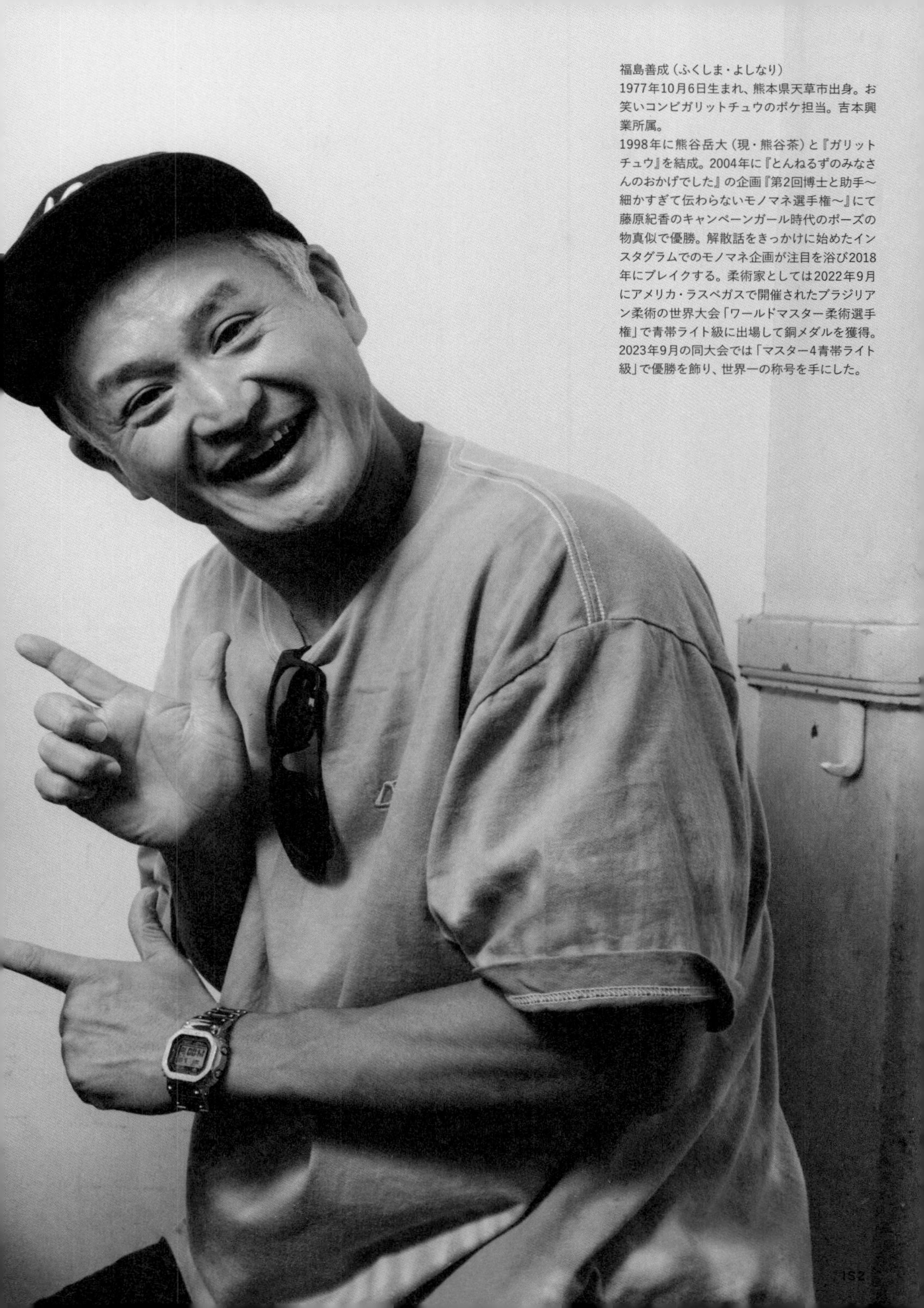

福島善成（ふくしま・よしなり）
1977年10月6日生まれ、熊本県天草市出身。お笑いコンビガリットチュウのボケ担当。吉本興業所属。
1998年に熊谷岳大（現・熊谷茶）と『ガリットチュウ』を結成。2004年に『とんねるずのみなさんのおかげでした』の企画『第2回博士と助手〜細かすぎて伝わらないモノマネ選手権〜』にて藤原紀香のキャンペーンガール時代のポーズの物真似で優勝。解散話をきっかけに始めたインスタグラムでのモノマネ企画が注目を浴び2018年にブレイクする。柔術家としては2022年9月にアメリカ・ラスベガスで開催されたブラジリアン柔術の世界大会「ワールドマスター柔術選手権」で青帯ライト級に出場して銅メダルを獲得。2023年9月の同大会では「マスター4青帯ライト級」で優勝を飾り、世界一の称号を手にした。

大井洋一（おおい・よういち）
1977年8月4日生まれ、東京都世田谷区出身。放送作家。『はねるのトびら』『SMAP×SMAP』『リンカーン』『クイズ☆タレント名鑑』『やりすぎコージー』『笑っていいとも!』『水曜日のダウンタウン』などの構成に参加。作家を志望する前にプロキックボクサーとして活動していた経験を活かし、2012年5月13日、前田日明が主宰するアマチュア格闘技大会『THE OUTSIDER 第21戦』でMMAデビュー。2018年9月2日、『THE OUTSIDER第52戦』ではTHE OUTSIDER55-60kg級王者となる。

坂本一弘

馬乗りゴリラビルジャーニー（仮）

第37回 硬派なヤツなどいない説

構成：井上崇宏

（さかもと・かずひろ）
1969年3月4日生まれ、大阪府大阪市出身。
修斗プロデューサー/株式会社サステイン代表。

——3号連続で黒部三奈さんにお越しいただいております。

坂本　まあ、収録したのは1回ですけどね。

黒部　今日も盛り上がっていくよ〜！

坂本　話の続きですけど、「硬派とは何か？」っておもしろいテーマですよね。だって格闘技の難しいところって、格闘技に対して硬派な姿勢で向き合っていない人間が勝つこともあるわけじゃないですか。その不公平さというか。

黒部　それはたしかに。

坂本　不公平がゆえに公平なんだけど、俺らやっていた側からすれば「真面目に練習しようよ」って言うけど、真面目に練習しなくても勝っちゃうヤツもなかにはいるし、それは否定できない。でもそういう姿勢で勝負しているわけではないから、そういうタイプの人間に負けないために「クソっ！」と思って練習し続けるヤツが最後には勝ってほしいなって思うんだけど、これはしょうがないですよね。

黒部　それ、凄くわかる。

坂本　だから努力が報われないことなんてことは世の中でいっぱいあるし、そんなのはべつに格闘技に限ったことでもない。練習しなくても勝てるなんて、こんなにいいことはないですからね。

——いちばんいいですよ。それが理想ですよ（笑）。

坂本　ただ、この世の中に硬派な人間なんていないですよね。ありえない。だって、みんな異性にモテたいわけじゃないですか。みんなチヤホヤされたいわけじゃないですか。お坊さんじゃないんだから、そりゃモテモテがいいですよ。

黒部　モテたいよ、そりゃ。

坂本　黒部さんだってモテたいでしょ？

黒部　聞くまでもないよ（笑）。

坂本　ただ、格闘技の練習を真面目にやるっていうことと、モテたいっていう気持ちは分けているというだけでね。

黒部　いや、モテるために真面目に練習をするっていう感じ（笑）。

——ウソだろ……（笑）。

黒部　いや、マジ。モテるために格闘技を

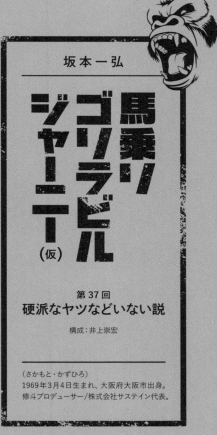

がんばってる。

——それ、あたいの話?

黒部　あたい、あたい。

——ちょっと待った。これがまさにいま坂本さんが言っていた「報われない努力」っていうやつじゃないですか(笑)。

黒部　あれ!?(笑)。

坂本　報われないかどうかはまだわかりませんよ。闘い続けていれば可能性はありますから。

黒部　そうよ。

——だって努力していなくてもモテる人って山ほどいるし、格闘技が強いからってモテるわけでもないじゃないですか。

坂本　努力しなくてもモテる人っていうのは、男女ともに素質ですからね。

——それを黒部さんは健気に努力をされていて……。

黒部　もう帰ります!(笑)。

坂本　でも硬派なんて世の中にひとりもいないと思いますよ。

——坂本さん。俺は硬派ですよ。

坂本　(聞かずに)いつの時代も硬派なんていないですよ。ひとりもいないです。もちろんその度合いに個人差はありますけど、誰だってモテたいし、チヤホヤされたいし、ほめられたい。だからSNSが流行るんでしょ。

黒部　私だけじゃなくて、みんなモテたいのか。

坂本　みんなそうです。たとえばテレビに出たいとか、雑誌に載りたいとか、あるわけじゃないですか。それも人からモテたいってことですから。お坊さんだって本当はモテたいけど、何かきっかけがあってお坊さんになってる。「これはいかんな」と自らを戒めるためにやっているんであって、戒めている時点でじつは軟派なんですよ。

黒部　あー、そっか。

坂本　みんな我慢しているだけなんですよ。

——今日は坂本さん、語気が強めですね(笑)。

坂本　だって食欲とかどうするんですか。「好きなだけ肉を食ったら硬派じゃないのか?」って話じゃないですか。「身体にいいから魚を食え」とか「ケーキを食ってるなんて、あれは軟派だからね」とか「俺は甘いものが嫌いだから」とか言っておきながら、本当はすっげえチョコレートを食いたいなと思っていたりとか、本当はミルクの入った甘いコーヒーが好きなのに、なんかカッコつけちゃってブラックコーヒーを飲んじゃったりとか。みんなそうですよ。

黒部　硬派って難しいですね。

坂本　難しいんじゃなくて、じつはないんです。ゼロなんです。硬派なヤツはいないんです。「硬派」っていうジャンルを作っているだけなんですよ。それは全部「ふり」なんです。正義の味方や悪者と一緒。「硬派」という役割を作っているだけであって、実際は硬派なんてないんです。

——ちょっと、黒部さん。なんかこの角度から見たらいい感じだよ。

黒部　あら♡　ホントに?

——ちょっと本気を出していったほうがいいかもしれないな。いまね、黒部さんはベースがいいんだってことに気づいた。

黒部　ウフフフ〜。

坂本　いやいや、笑ってないで。そこは

「私は硬派なんだから、そんなこと言わないでください」って言わないと。

黒部　あたい、まったく硬派じゃなかったわ（笑）。

坂本　じゃあ、やっぱりＣＯＬＯＲＳのティアラもＯＫ？

黒部　そりゃ、もらえるなら私だってほしいですよ（笑）。

坂本　たとえば凄いイケメンがプレゼンターで、その人にティアラをかけてもらったりしたらどうですか？

黒部　それがいちばんいいですね。

坂本　もう前半の話が全部ぶち壊しですよ（笑）。でもね、こうして認めたほうがいろいろとラクだと思うんですよ。硬派を役割でやっているんだとしたらいいと思いますけど。べつに修斗にしてもＣＯＬＯＲＳにしても、肯定な意見も否定な意見も全然いいですし、むしろどんどん言ってくれたほうがありがたいんですけど、ただひとつ、この世の中に硬派なヤツはいない！（笑）。

――「硬派なヤツはひとりもいない」っていうのは思いつかなかったですね（笑）。

黒部　私も自分が硬派じゃないなんて思ってもみなかった（笑）。

坂本　でも硬派な部分はあるんですよ。ある一部分にこだわりがある人は硬派なんですよ。ただ、全部が硬派なんてことはありえないという話です。

黒部　ふむふむ。

坂本　自分を甘やかしたいなって思ったときは好きなものを食うじゃないですか。もうちょっと寝ていようとか。毎朝6時になんて起きていられない。でも「今日は走るのやめようかな。あっ、でも行こう」っていうことで煩悩に打ち克って硬派を保つわけですよ。毎日練習するとかもそうだし、それがあるから人から信頼されるんですよね。硬派な部分がまったくの0だと誰からも信頼されないじゃないけど、どっかに硬派な部分があるから信頼されるというか、「この人の意見を聞きたいな」「この人に相談しようかな」って思われるんですよ。

――たとえば「その人の本当の部分を見たい」って思ったとき、それって「軟派な部分が見たい」ってことですよね。

黒部　たしかにそう。

坂本　だから、その人の反対の部分を見たいんですよね。たとえば黒部さんだったら「彼氏がほしい」と言っていると。「じゃあ普段、格闘技以外の時間は何をしているの？」ってなったときに「だいたい家にいて、ひとりでこんなことをしています」とか「こういう趣味を持っています」ってことを他人に知ってもらうと「この人、いいな」って思う人が出てくるんですよ。一生懸命に格闘技の練習をしていて凄く硬派なことを言っているのに、そことのギャップが見えたときこそが人の魅力が出る瞬間なんであって。

黒部　よし、見えました（笑）。

――これからやるべきことがわかった（笑）。

坂本　たとえば凄くチャラそうな女のコが、めちゃくちゃ一生懸命仕事をしていたりしたら見直すじゃないですか。そこだと思うんですよ。

――両面ですね。

坂本　ギャップというか。選手を追っかけるときに何が見たいかって、その人の違う

ところを見たいんですよ。いつもはあんなに強くて堂々としているのに、負けたときに「悔しい！」って泣いている姿も見たいわけじゃないですか。

――なんか話が「硬派とは何か？」から「黒部三奈はどうやったらモテるか？」に変わっているような気もするんですが（笑）。

黒部　私もそれに気づいてたけど、いいの。続けて（笑）。

――黒部さん、やっぱインスタじゃないですか？　インスタで格闘技に対するストイックな顔とは違う面をバンバン出していったほうがいいですよ。いまって「今日も練習終了！」の集合写真ばっかでしょ？というか、毎日がジム内だけで完結してない？

黒部　そうね。でもストーリーにはちょこっとあげたりはしていますよ。「梅ドリンクを作りました」とかさ。

――それはクエン酸摂取じゃん（笑）。

坂本　格闘家として身体にいいものを作ってるなっていうだけでね（笑）。

――きのうよりも今日、今日よりも明日さらに強くありたい、っていう意志しか伝わってこないですよ（笑）。

坂本　それこそ黒部さんがマッチングアプリをやっている話とかはめちゃくちゃおもしろいじゃないですか。俺、「えっ、そんな一面もあるんだ」ってなりましたよ。

――マッチングアプリでの戦績をインスタにあげていくのがいいですね。「返事がまったく来なくなったよ！」みたいな。

坂本　そうそう。そうしたらなかには「俺だったらバックレませんけどね」っていう人も出てくるじゃないですか。

黒部　マジ？

坂本　マジ。そこをもっと赤裸々に出していくのはいいですよね。梅ドリンクを作っていることはむしろ隠して行って（笑）。

黒部　そっか、そっか。じゃあ、私はもうちょっと軟派なところを見せていったほうがいいですね。

坂本　そのほうがたぶん人から親しみを持たれやすくなるというか、相談とかもされやすくなると思うんですよ。井上さんを見てくださいよ、相談しやすいでしょ？

黒部　うん。しやすい。

――なんの話（笑）。

坂本　これがガッチガチな硬い人だったら相談もできないじゃないですか。「おまえ、精神の鍛え方が足りねえんだよ」とか言われそうだもん。だから俺とかも反省はしていて、見た目とかで話しづらいなって思われることがあるのはよくないなって思うんですよ（笑）。誰からも相談をされたり、「こんなことがあったんですよ！」って言われるほうがいいですよ。たとえば友達に彼氏ができたとして「えっ、彼氏ができた？　おめでとう！」って言ってあげているほうがいいじゃないですか。そこで「おまえ、もしかして彼氏できたんじゃねえの？」って言ってるよりも（笑）。

黒部　私はそんなこと言わないよ！（笑）。

――はいっ、それでは今後の黒部さんのインスタでの投稿にどうぞご期待ください。

TARZAN by TARZAN

ターザン バイ ターザン

はたして定義王・ターザン山本！は、ターザン山本！を定義することができるのか？「俺が死んだら、俺のことについていっさい触れるな。おちょくるな。おもしろがるな。馬鹿にするな。そして適当に落とすな。だけど、もし俺のことを語ってほしい人がいるとしたら、ふたり目の奥さんですよ！　俺はいまでも彼女のことがめちゃくちゃ好きですよ！彼女が俺についてどう思っていたのかかがいちばん知りたいんよ!!」

ターザン山本！（たーざん・やまもと）1946年4月26日生まれ、山口県岩国市出身。ライター。元『週刊プロレス』編集長。立命館大学を中退後、映写技師を経て新大阪新聞社に入社して『週刊ファイト』で記者を務める。その後、ベースボール・マガジン社に移籍。1987年に『週刊プロレス』の編集長に就任し、"活字プロレス""密航"などの流行語を生み、週プロを公称40万部という怪物メディアへと成長させた。

絵　五木田智央　写真　山内猛　聞き手　井上崇宏

第四十八章

別れても好きな人

「毒抜きされた猪木が定着してきてるんよ。都合よく薄められた猪木がスタンダードになっているわけですよ！」

——山本さん。アントニオ猪木が亡くなってもう1年です。

山本　早いねえ。あのね、アントニオ猪木が亡くなって1年、俺の答えは1個しかないよ。俺は生き残る！　同世代の人間のなかで俺は最後まで生き残る！　それですよ！

——それは山本さんが以前から言っていることで、その思いを猪木さんの死によってさらに強固にしたと。

山本　猪木さんが亡くなって、より鮮明になったというか。これね、俺が死んだらまずいんですよ。猪木さんが亡くなったあと、俺からすると由々しき事態が起きているんだよね。どういうことかと言うと「アントニオ猪木」というレスラーも「猪木寛至」という人も、存在的に成仏できない人なんだよね。成仏できないものを抱えながら生きてきて、抱えたまま亡くなった人なんですよ。だから逆に亡くなったことによって猪木さんを綺麗に成仏させるチャンスが来たというね。猪木さんのドロドロとした情念とか毒というものを完全に抜くチャンスだとなって、みんなで猪木について語り、書き、いろいろとやっているわけですよ。俺はその毒抜きに対して頭にきてるわけですよ！

——ああ、なるほど。

山本　アントニオ猪木のことを玩具を愛でているかのように扱っている状況になっているのがしゃらくさい！　いまの俺はそういう気持ちがいちばん強いんですよ。猪木を語ることによって、成仏しない猪木を成仏させようとしてる。あの猪木の生々しさを克服できた気になって、毒抜きした猪木をみんなで玩具のように大事に抱いてる。めちゃくちゃ頭にきてるよ。

——そうじゃなかっただろうと。

山本　猪木さんという存在を非常に身近に祭り上げている感じがするんだよね。そういう時代というか人々のからくりというかさ。いや、俺は成仏できない猪木を限りなく愛していたわけですよ！

——浮かばれない猪木を。

山本　死してなお、そこにこだわるのか、それともこだわらないかでえらい違いなんよ！　それをさ、「猪木さんと友達だった」とか「一緒にメシを食ったことがある」とか「カラオケした」とか言ってさ、そんなのおまえらが勝手に毒抜きした猪木だろうと。猪木さんに対して失礼ですよ！　みんながみんなそのパターンなんだよ。濃縮度500パーセントだった猪木をさ、希釈して薄めて炭酸で割って飲んでるみたいなことですよ！

——清涼飲料水にしやがって（笑）。

山本　どんどんどんどん薄めやがってさ。でも、それがいま定着してきてるんだよね。その猪木がスタンダードになっているわけですよ。猪木さんが亡くなったことでこんな変化が起こるとは思いもしなかったね。だからもし俺が死んだら、さらにその現象が進むわけですよ！　すべて都合よく薄められてしまい

ますよ。俺がいなくなるということは猪木の語り部がいなくなるわけですよ。いま世の中で語られているのは、みんなにとって都合のいい猪木。薄められた猪木。でも、それで猪木を語っているとは言えない。だから俺が生き残らないことには猪木の濃縮度500パーセントをキープできないわけよ。俺にはそういう使命があるから、猪木さんを語る人のなかで俺は最後まで生き残らなきゃいけない。

――最後の語り部になると。

山本　みんな呑気だよねえ。呑気というか都合がいいというか。日本人特有の「すべてを水に流す」という思想だよね。本当のアントニオ猪木をなかったことにしようとしている。だから今度は猪木の映画が作られて、また猪木のイベントがあるわけでしょ。その延長線上にあることすべてが俺は嫌で嫌で。

「男っていうのはそういうものなんですよ。
だって出会いから別れまで、
あんなロマンチックな話はなかったよ」

――じゃあ、もし山本さんが死んだ場合の死後の取扱説明書みたいなものを生前に残しておきませんか？

山本　いや、俺はハッキリ言いますよ。「俺のことはいっさい語るな」と。

――いっさい。

山本　いっさい触れるな。おちょくるな。おもしろがるな。馬鹿にするな。全部禁止。そして適当に落とすな。

――適当に落とすな（笑）。いや、でもボクは全然触れますよ。

山本　死んだら異議申し立てもできないわけですよ。だからしゃあないし、どうでもいいわけ。でも俺のことについて触れるなとは言っておきたいね。だけど、もしね、俺のことを語ってほしい人がいるとしたら……。

――そんな人がいるんですか？

山本　それは当然あれですよ。ふたり目の奥さんですよ。

――えっ！

山本　彼女にいちばん語ってほしいよね。

――えっ、その心は？　ひょっとして、まだ好きなんですか？

山本　めちゃくちゃ好きですよ、俺は！

――ちょっと待ってください、山本さん。思いはとっくに払拭したんじゃなかったんですか？

山本　違いますよ！　俺はめちゃくちゃ大好きですよ！

――知らなかった……（笑）。

山本　知らないと思うよ。いま初めて言ったんだから。彼女が俺のもとから逃げたのは26年前。彼女が俺についてどう思っていたのか、そしてどう思っているのかがいちばん知りたいよね。

――いやいや、山本さん、いろいろ話が変わってきますよ。しつこいですけど、マジでいまも好きなんですか？

山本　好きだよぉ、俺ぇ。それと俺が死んだら宍倉次長にも語ってほしい。うん、このふたりだね。

――いや、今日は宍倉さんのことはどうでもいい（笑）。

山本　何をそんなに驚いてるんよ？　男っていうのはそういうものなんですよ。だって出会いから別れまで、あんなロマン

チックな話はなかったよ。

――じゃあ、ちょっと出会いからおさらいしていきましょうか。

山本　まずね、ベースボール・マガジン社の大阪支社は徳間書店のビルに入っていて、彼女はその徳間書店に事務員として勤めていたわけですよ。

――大阪の人だったんですよね。

山本　そして彼女はプロレスが好きだったんよ。それで同じビルにベースボールが入っているから、プロレスのカメラマンとかと親しくなるわけですよ。そこで彼女は「髙田延彦のサインがほしい」と。まだ髙田はそのとき新人なんですよ。その新人の髙田が好きだっていうことは相当ハイレベルだよね。

――「見るところを見ているな」と。

山本　非常に見る力が凄いんよ。それで俺はそのカメラマンに「よし、わかった!」って言って、大阪で新日本の試合があったときに彼女を呼んで、俺が髙田を踊り場まで呼んできて一緒に写真を撮ってあげてサインも書いてもらったわけですよ。それが初めての出会いですよ!

――第一印象はどうだったんですか?

山本　彼女はそのときヘビメタの格好をしていたわけですよ。黒ずくめの服を着ていて「なんだこれは!?」と思ったわけです。

――ひと目惚れとかではなかったんですか?

山本　ひと目惚れですよ!(笑)。でもね、まだ彼女はハタチそこそこだから若いでしょ。なので自分からは手を出すようなことはありえないわけよ。

「若い女の子が金持ちにお金を出させてプロレスショップをやるって普通できる? もうヤバい女なんですよぉ!」

――当時、山本さんはいくつですか?

山本　36くらいですよ。ただ、俺もオスだからさ、そのとき髙田に「ボクの妹です」って紹介したんよ。

――えっ?「俺の妹なんだからちょっかい出すなよ」という意味で?

山本　彼女に対する一種の口説き文句ですよ。

――髙田を制したわけではなく、口説き文句?

山本　髙田に「ボクの妹ですから」って言った時点で、髙田はもうどうでもいいわけですよ。

――よくわかんねえな(笑)。

山本　その「ボクの妹です」という俺の言葉を聞いた彼女は、すでに言葉のマジックにかかっているわけですよ。たぶん、あの時点で彼女のなかでもスイッチが入ったんじゃないかなと。

――「えっ、どうして私を妹って紹介したの?」と動揺を与えたわけですね。

山本　その言葉のマジックでグッと接近したわけよ。それからは俺が大阪に行ったときはかならず彼女と会っていたんだよね。あるいは電話でのやりとりね。

――遠距離で。

山本　しょっちゅう深夜に彼女の家の黒電話に電話していたから電話代が月10万になったんだよね。でね、その頃彼女は大阪

で宝石を磨く教室に通っていたんですよ。そのとき隣にいたおじさんが金持ちでさ、その人をうまく利用してアメリカ村に『筋肉組』っていうプロレスショップをオープンしたわけですよ。

——あっ、そうだそうだ。

山本 それで彼女は徳間書店を辞めて、日本で初めてのプロレスショップの店長になったわけですよ。

——冴えてますねえ。

山本 若い女の子が金持ちにお金を出させてプロレスショップをやるって普通できる？　そのへんから怪しげな女のコなわけですよぉ。もうヤバい女なんですよぉ。

——そうしてどんどん惹かれていく。

山本 それでまた大阪で新日本の興行があったとき、彼女が「ホテルは私が取りましたよ」と言うんよね。

——ほう。

山本 俺はいつも大阪で取材があるときは自分でホテルを取っていたんですよ。それなのに彼女は「ホテルは取りましたから」って言うんよ。「なんでだろうな？」と思ったら、アメリカ村に『ホテルカリフォルニア』っていうのがあるんだよね。ラブホテルのようなビジネスホテルで。

——ラブホテルのようなビジネスホテルとは？

山本 いや、ラブホテルとビジネスホテルを絡ませているような形なんよ。

「柑橘類でミカンみたいな果物があるでしょ。要するにネーブル的な。『ああ、そういうことか……』と思ってね」

——ラブとビジネスを絡めたのがホテルカリフォルニア。

山本 それで新日本の興行が終わってから一緒にそのホテルに向かうわけですよ。そうしたらさ、彼女はフロントには行かずにホテルのカギをもう持っているわけですよ。

——すでにチェックインしていたと。

山本 そのまま部屋に入って行ったわけですよ。そうしたらさ、彼女は隣の部屋も取っているわけですよ。

——えっ？

山本 それにまた俺は衝撃を受けたんよ。「これはヤバい展開になったな」と思ってさ。だって向こうは完全にその気になっているわけじゃないですか。

——いや、山本さんのいまの語り口だと、ふたりで1部屋を取ってるんだと思っていましたよ。

山本 違いますよ！　シングルの部屋をふたつですよぉ。

——並びで。そして「はい、これは山本さんの」と言ってキーを渡されたと。

山本 それで俺はひとりで部屋の中に入ったんよ。「これはヤバいな……。仕掛けられたな……」と思ってさ。

——やっぱ仕掛けられるということに敏感ですね（笑）。

山本 これはどうやって受け身を取ろうかなと思ってさ。こっちはもうさ、あ然呆然としているわけですよ。そうしたらですよ、こっちの部屋のドアをノックする音が聞こえたんよ……。それは要するにどういうことはわかる？

——ど、どういうことですか？

山本 俺の部屋に入ってくるっていうことですよ。

——そのまんまでしたか。

山本　「ついに来たかー!」みたいなさ。そうしたらさ、柑橘類でミカンみたいな果物があるでしょ。要するにネーブル的なあれを持ってきて「これ、食べて」って言って渡してきたんよ。「ああ、そういうことか……」と思ってね。

——ネーブル的な果物に何か特別な意味が込められているんですか?

山本　俺が観たことがあるヤクザ映画でさ、富司純子が自分の愛を表現するときに高倉健にりんごを渡すシーンがあるんですよ。「あちゃー、そういうことか……」と思ってさ(笑)。

——めっちゃ楽しそう。

山本　いや、その直後に俺はショックを受けることになるんよ。彼女が俺の部屋の電話のダイヤルを回したわけ。そして彼女は実家に電話したんだよね。それで「お母さん、私、今日は友達の家に泊まるから」って言ったんよ。俺はすでに彼女の家にも遊びに行ってるし、お母さんとお父さんとも親しいわけですよ。そのセリフを聞いたときに「こうやって娘は親を騙すんだな……」と思って愕然としてさ。

——感受性がもう(笑)。

山本　そこで俺は瞬間的に親父の立場になってしまったわけですよ。いやあ、ショックだったねえ。もうそのときに「これは行くしかない!」と思って押し倒したよ!

——親父の立場になったのも束の間! 親の気持ちになってショックを受け、返す刀で襲った(笑)。山本さん、そういう場面でテイクダウンするときのテクニックを教えてほしいです。

山本　いやもう、微妙な空気が流れているわけじゃないですか。

——「今日は家には帰らない」と言ってますからね。

山本　そこでバサッというか、ガッと覆いかぶさるわけですよ。そこはテクニックとかじゃなく一瞬のロックアップで決まるわけですよ。

「彼女は見事に自分の存在を消しているわけじゃないですか。いま、どこにいるのか居場所もわからない」

——「えーい、ままよ!」と。本当にいい話ですね。

山本　映画みたいな話ですよ。でね、今度は彼女が俺に電話をしてきて「12月25日の17時何分に東京駅に着きますから迎えに来てください」って言うんよ。「なんだろうな?」と思って迎えに行ったらさ、彼女は実家を家出してきて、そのまま俺のアパートに転がり込んできてしまったんよ。

——クリスマスの日に。

山本　ハッキリ言って俺は全部やられっぱなしですよ! でも、あとでよく考えてみたらさ、彼女は親元から離れたいという思いがあって、俺はただそれにうまく利用されたんじゃないかなと。

——プロレスショップを始めたときの経緯も考えると、そういうタイプの人だったのかなっていう。

山本　そういうタイプの人だったんですよ。何か先に目的があって、計画的に行動するというさ。本当の目的というか本心

を隠し、うまく遠回りさせながら実現させていくというかさ。

――本人にその自覚はあるんですかね？

山本　ありますよ！　すべて計画的ですよ。そういう女性に男はすぐに本気になって信じちゃうわけですよ。でも、その裏側では彼女のシナリオができあがっているわけ。

――要するにターザン山本を使って、実家を出ることに成功したと。でも、それは話の辻褄が合いますね。山本さんが週プロの編集長を辞した瞬間に逃げましたからね。

山本　そうでしょ？　かなり辻褄が合ってるんだよね。

――でも男にとって、そういうタイプがいちばん忘れられない女ですよね。

山本　そうなんですよ！　でもね、彼女が俺の家から出て行ったあと、彼女のお母さんが俺の家を掃除しに来てくれたわけですよ。そのときにお母さんが最後に言った言葉が衝撃的だったんだよね。

――それは前にも聞いたかもですね。なんでしたっけ？

山本　「あのコは私に言ったんですよ。『私はあの人に愛されていなかった』って」と。俺はその言葉をお母さんから聞いたときに凄くショックを受けたね。俺は彼女に対してまったく愛情を表現できていなかったのかと。でも俺は愛してるし、それは伝わっていると思い込んでいるわけじゃないですか。

――「好きなのは前提だろ」みたいな。

山本　愛してるっていうことは大前提としてあるはずなのに、彼女の実感としては「私はあの人に愛されていなかった」と。あれはショックだったねえ。全敗ですよ！

――また若干辻褄が合わなくなってきたな（笑）。

山本　それ以降、彼女は見事に自分の存在を消しているわけじゃないですか。俺は娘とも会っていないわけですよ。SNSとかもやっていないでしょ。いま、どこにいるのか居場所もわからない。完璧だよね。

――こんな時代なのに、どこで何をやっているかいっさいわからないと。

山本　まあ、俺の友達で「山本さん、彼女はいまね……」って報告してくる変なヤツがいて、途中まではなんとなく居場所がわかったりしていた時期もあったけど、いまはもう完全にわからないからね。

――お元気だといいですね。

山本　彼女はもう61だよ。俺と最初に会ったのは22。

――そんな彼女に自分が死んだら語ってもらいたいと。その「私はあの人に愛されていなかった」っていうのは本心の言葉なんですかね？

山本　本心だと思うね。だからそのへんの女心の微妙な心理というのがあるわけじゃないですか。俺たちにはわからない、目に見えないものが。

「いまの彼女とは6月下旬以降会っていないんよ。ハッキリ言って俺の役目はもう終わっているんですよ」

――だから、そういうめまぐるしく行動する人って自分に正直なだけなんですよね。というふうにボクは解釈するようにはしています。

山本　彼女は常にいろんなものに対してすぐ見切りをつけるんですよ。だから俺も見切られたわけですよ。

——山本さん。いま、とても気になったんですけど、山本さんは今年結婚したばかりのいまの奥さんとはうまくいってるんですか？

山本　あの人は仕事として恋愛マスターをやっているわけですよ。そこで俺は彼女にいろんなアドバイスをね、脳を入れ替えるくらい徹底的にやったわけですよ。それで彼女自身の性格もめちゃくちゃ明るくなったし、元気になったし、活発になったし、変わったわけですよ。だけど、まだお客はそんなに来ているわけではないんですよ。いまは仕事でブレイクするのを待っている状態で。

——ブレイクスルーを起こすときを。

山本　それで今年6月26日に新間寿さんが結婚パーティーをやってくれたでしょ。あの2日後に彼女は身体の調子を崩したんよ。そこから俺は会っていないわけですよ。

——えっ、2カ月以上も会っていない？

山本　だって8月の中頃にも彼女は39度の熱が出て、救急車で運ばれたんですよ。そうしたらコロナだったんですよ。それで1週間隔離されて、薬を飲んで熱も下がって、コロナは治ったんだけど、まだ味覚障害が残っているわけですよ。要するに彼女のほうが俺に気を使って会わないようにしているわけですよ。

——そうだったんですか。

山本　だから、たとえば俺が彼女の家にお土産を持って行くわけですよ。そうしたら彼女はマスクをしたまま窓を開けて、そこで俺は手渡しして帰るわけですよ。だからいつも「通いモーニング」っていうのをやっていて、朝7時半に俺が彼女の家に行って朝食をとることも6月下旬以降やっていないわけですよ。だって味覚障害だから意味がないじゃない。

——意味がなくはないですけど、まあ、なるほど。

山本　でも彼女自身はいまやる気満々でさ、自信たっぷりに自分のビジネスをやっているわけ。あとは結果を出すだけの状態になってるわけ。そこまで俺は持っていったわけ。つまりね、ハッキリ言って俺の役目はもう終わっているんですよ。

——えっ、どういうことですか？

山本　彼女は仕事に対して情熱的な人なので、俺は仕事がうまくいって成功すればいいなと思って、彼女と関わっていたわけですよ。

——ちょっともう関係が終わったみたいな感じなんですか？

山本　終わったというか、距離を置いた形で冷静というか。会っていないんだから。

——うーん。まあ、それもそれで新しい結婚の形ですからね。

山本　だから一緒に住んでいなかったということで言えば、俺はコロナがうつらなかったわけですよ。

——たしかに。リモート婚ですもんね。

山本　もし、かかっていたら俺も味覚障害になっていたかもしれないんよ。

——年齢的にもヤバかったかもしれないですよね。

山本　糖尿病を持ってるからね。それもあって「生きる、生き残る」ということがいまの俺の最大のテーマなんですよぉ。

パイプ椅子の使い方で思い出すのは、前田日明の坂田制裁事件のシーン。

うるあ
バシッ
くるっ
ばっ
ぐあ
ガツッ

!
バンバン
あう
バン
てえ
いて
バン
バン
あう
……
……
……
ぐにゃあ

バンバン
ぞ
バンバン
あう
あう
あう
バタン
帰ったぞ
いてー
つまんねえことで呼ぶな
痛くねえわけじゃねーぞ
こっちのセリフだ
星が出たぞ

KENICHI ITO

涙枯れるまで泣くはうがEマイナー

VOL.34

桜庭和志とQUINTET

伊藤健一

（いとう・けんいち）
1975年11月9日生まれ、東京都港区出身。格闘家、さらに企業家としての顔を持つため"闘うIT社長"と呼ばれている。ターザン山本！信奉者であり、UWF研究家でもある。

先日、とうとう憧れの桜庭和志とスパーリングをすることができたのだ！

私は毎週月曜、武蔵小杉にある所英男のジム「所プラス」での練習会に参加しているのだが、そこになんと桜庭も参加をしてきたのである。これまで数々のU系レスラーと組んできた私だが、桜庭とは組んだことはなかった。所プラスで桜庭の姿を見たときは、とても興奮してしまった。

私はまず練習前に「ボク、桜庭さんのデビュー戦のスティーブ・ネルソン戦、生で観てました!!」と、UWFマニアらしい、へりくだった姿勢で桜庭のご機嫌をうかがってみたところ、桜庭は「本当？」と笑顔で返してくれて嬉しかった。

いつも師匠の髙阪剛から「サクの腕力はとんでもなく強い」と聞かされていたので、その噂の腕力を体感すること、海外の道場では「SAKURABA」といえばアームロックのことを指すし、私もここ2年アームロックを研究しまくったので、ご本家に、掟破りのアームロックを狙うこと、このふたつをスパーリングのテーマとして決めた。

とうとう念願のスパーリングが始まった。

とはいえ、桜庭は試合前だったため、強い強度ではできなくて残念ではあったが、桜庭はところどころでヒジをグリグリしてきたり、いわゆる〝ゴッチ流〟のテクニックを使ってきたことに感動してしまった。

私もアームロックを狙いまくったのだが、ちょっと露骨すぎたのか完全に警戒されてしまい、いい形に持っていくことはできなかった。

通常、腕力の強い選手は動き自体は遅く、じわーと来るタイプが多いのだが、桜庭の場合はスピードがあって瞬発的な力が強く、想像していたものとはまったく違っていた。結局、最後は桜庭に腕十字を極められた。自分よりも歳上に極められることはもうほとんどない私は、桜庭和志が強くてやっぱり嬉しかったし、UWF研究家として、また貴重な経験を得ることができた。

後日、何かの縁なのか、桜庭も出場する9月10日に横浜アリーナで開催される『QUINTET.4』での公式記録員のオ

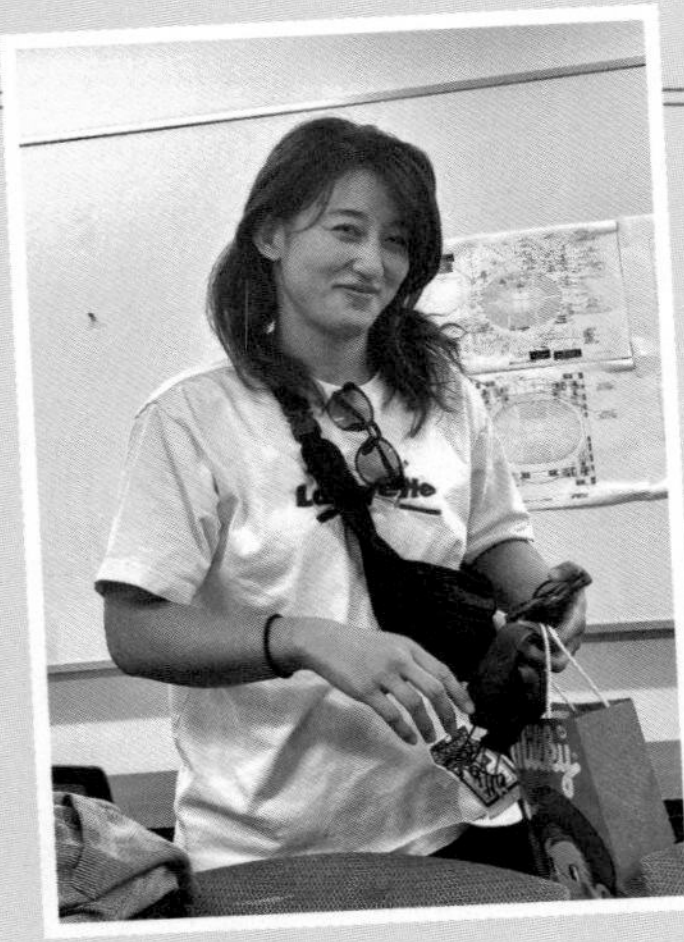

ファーをもらった。

QUINTETの運営に携わっている柳沢忠之さんから「イトケン、公式記録員がひとり必要なんだ。手伝ってくれ」と連絡が来たので、日曜に長い興行に携わるのはとてもめんどくさかったが、もともと井上編集長の上司であり、元祖ターザンチルドレンである柳沢さんの頼みなので快諾した。

前日の計量にも公式記録員として参加したのだが、QUINTETはチーム全体の合計体重なので、意外と瞬時に合計体重を計算することが難しく、前日からいきなりテンパってしまい気軽に承諾したことを後悔する。

今回の『QUINTET.4』の出場チームは「TEAM SAKURABA」、「TEAM 10th Planet」、「TEAM POLARIS」、「THE B-TEAM BULLS」の4チーム。

この4チーム中、「THE B-TEAM BULLS」というチームが戦力的にぶっちぎりで強く、結果予想は容易だったのだが（実際に楽勝で優勝した）、海外の有名選手同士の対決が観られるので、それ自体は非常に楽しみな大会だった。しかし私は名誉ある公式記録員になってしまったので、試合時間や決まり手の技名を記録したり、膠着を誘発した選手におこなう「指導」の数などは、勝敗に大きく関係するので適当にカウントするわけにはいかず、ずっと緊張しながら観ていたので、まったく試合を堪能することはできなかった。

3年前、中村大介選手に惨敗を喫したこともあった。やはり私にとってQUINTETとは鬼門なのか……。

そう思っていた私にも束の間の幸せが訪れた。この日、〝美人すぎる格闘家〟として有名な、杉山しずか選手もスタッフで参加していて、私は杉山選手と控室という名の密室でふたりきりでお話をする機会に恵まれ、名誉ある公式記録員の緊張とはまた違う種類のドキドキをしてしまった。

これまで杉山選手とはほとんどお会いしたことがなかったので、実際に見て、その美しさに度肝を抜かれてしまったのだ。

私はこのコラムで何度も〝浅倉カンナLOVE〟を宣言してきたが、杉山選手と出会ったことで、その想いが揺らいでしまいそうになっている自分に気づいた。

カンナ選手とは何度かニアミスをしているが、そのたびに私はサッと隠れてしまい、いまだお会いしたことは一度もない。

杉山選手と出会ってしまったいま、私は自分の本当の気持ちを確認するためにも、そろそろカンナ選手と対峙しなければいけないのかもしれない。

私は名誉あるQUINTET公式記録員。私の気持ちの膠着を誘発してくる選手には厳しく「指導」をカウントしなければならないのだ——。

マッスル坂井と真夜中のテレフォンで。

9/13

MUSCLE SAHAI DEEPNIGHT TELEPHONE

「全日本とDDTは抗争中でずっとピリピリしているんですよ。諏訪魔選手なんかは特にDDTに対してピリピリしていますけど、私とは自動販売機の前で『あー、先にどうぞ、どうぞ！』みたいな感じでゆずりあったりしています。全日本プロレスさんには今後も4年に1回ぐらい出させてほしいなって思いましたねえ」

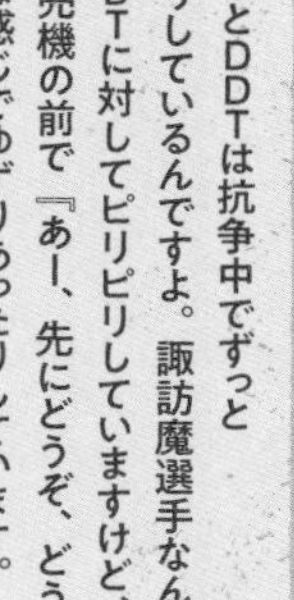

「俺とヨシ・タツさんが新潟でシングルをやるとなれば、そりゃ井上さんも観に行こうかとなりますよね」

——坂井さん。このあいだ私はスーパー・ササダンゴ・マシンの試合を観に行きたかったのに、どうして「絶対に来るな！」って言ったんですか？

坂井　9・3全日本プロレスのアオーレ長岡大会のことですか？（笑）。

——私はプロレスラー、格闘家の人に「試合、観に行くよ」って言って、「絶対に来るな！」って言われたのは初めてだったんですけど（笑）。やっぱDMでチケットを買ったほうがよかったですか？

坂井　いや、そんなことない！　そんなことないです（笑）。

——順番を間違えたのかなと思って。でもチケットを買って行く気でしたけど（笑）。

坂井　違う違う。だってほら、全日本さんは私の所属団体でもないし。

——それ関係ないでしょ。普通に観客として観に行くんだから（笑）。

坂井　あっでも、たしかに私は何枚か手売りしましたね。

——それで私がチケットを買って観に行ったってなったら、全日本的には「スーパー・ササダンゴ・マシン効果だ」ってなるじゃないですか。

坂井　覚えがよくなりますよね。ああ、たしかに。普段来ないマスコミの方が東京からわざわざ来るぐらいってことだもんね。

——そうそう。「これは！」と思ったな（笑）。

坂井　私とヨシ・タツさんのスペシャルシ

構成：井上崇宏

ングルマッチが。冷静に考えたら、私とヨシ・タツさんの番記者と言えば井上崇宏さんですからね。

――あなたたちは私の作品ですよ。

坂井　そうですよねえ。

――いやいや、そんな。ウソだけど（笑）。

坂井　そんなふたりが新潟でシングルマッチをやるとなれば、そりゃ井上さんも観に行こうかとなりますよね。

――まあ、3日前に坂井さんから電話をもらうまでは、その試合をやることを知らなかったんですけど（笑）。

坂井　ああ、そうだね。俺が「ヨシ・タツさんってどんな人ですか？」と電話したね（笑）。そういえば、かつて『KAMINOGE』でヨシ・タツさんの連載をやっていたな、それが自伝（『YOSHITATSU BY YOSHITATSU』）にもなっていたなと思ったんですよ。

――そうですね。

坂井　連載の時点でも読んでいたけど、まさかあのおもしろインタビューのテイでほぼ再構成されることなく出版されて、さらには電子書籍にもなっていることを俺は知らなかったから。あんないつもの『KAMINOGE』でのやりとりをそのまま自伝として出版するって、なかなか図太い神経をしてるなと思いながら読みましたね。

――要するに当日の煽りパワーポイントを作るためですよね。自伝を読んだのも、私に電話をしてきたのも。

坂井　そうですね。

――それは私と坂井さんの仲ですから、そこで洗いざらいいろんなことをお話しましたよ。「うーん、なんかもうちょっとヒントがほしいな」みたいな坂井さんの欲望は感じつつ、いきなりの電話だったから私なりにその場で思い出せるヨシ・タツさんのエピソードをひねり出しつつお答えしたんですけど。そして決戦当日。長岡まで新幹線で行ってチケットを買って観る気はあっても、なぜか配信は買う気にはならないというボンクラが発動して（笑）。

坂井　それは凄いわかる、わかる（笑）。

――だからX（ツイッター）で「ササダンゴ」で検索しながら決戦を見守っていたんですよ。そうしたらどうやら盛り上がっていると。「ササダンゴおもしろい！」と。そして私が買っていない配信では、小佐野さんがササダンゴが繰り出したSTFについて「これはテーズが使った原型です」と解説されていたと（笑）。

坂井　全体重をかけるっていうね。そうそう、原型、原型（笑）。

――だから本人にいくら「絶対に来るな！」と言われても、やっぱ行けばよかったなと。そうしたらその日の夜にヨシ・タツさんからLINEが来て。

坂井　あら、ご本人から？

――だいぶひさしぶりですよ。だから「おっ？」と思って。そうしたら「お疲れ様です！　坂井さんのパワポ出演ありがとうございました」と。

坂井　えっ？　あー、そういうことか……。

――それで「はい？　なんのことですか？」って返したら「いや、自分のことを『自己肯定感の塊』って言ってましたよね。あと自伝があまり売れなかったと……」と。

坂井　ああ、パワポに出てたね。

――出てたねじゃねえだろ！（笑）。電話でしゃべったことを全部言うなよ。

坂井　ワッハッハッハ！　でも重版はかからなかったんですよね？

――そこじゃねえよ！　ビックリするんだけど、マジで。

坂井　ワッハッハッハ！　でもね、自伝からの引用はしなかったんですよ。

「高橋ヒロム選手に『プロレスに興味がない人じゃないですか』って言われました。『ギクッ、図星』と思って」

――そこでもねえよ！　っていうか、そこから拾えよ（笑）。で、実際会場では盛り上がったんですね？

坂井　たしかに盛り上がりました。まあ、私の地元・新潟っていうのもあると思うし、全日本プロレスのお客さんというのはDDTのお客さんとはプロレス観が真逆じゃないですか。コンサバティブとリベラルくらい違うわけだから。ところがホーム感たっぷりでねえ(笑)。あのね、まず控室がめちゃくちゃ楽しかった。

――控室が。

坂井　パワポのセッティングがあるんで会場に早めに入ったんですよ。そうしたら顔なじみのサムライTVの出身だった人たちが全日本の映像や演出をやっていて、「あー、どうもどうも。ご無沙汰ですー！」みたいな。それでパワポの準備をしていたら、その日は高橋ヒロム選手もいたのよ。

――ああ、そうね。

坂井　高橋ヒロム選手もかなり早めに入っていて、「あっ！」と思ってとりあえず挨拶をして。

――ふたりは初対面でしょ？

坂井　いや、そんなことないんじゃないかな。どっかで会ってると思います。いや、会ってないのかも？

――むしろどこで会うの？（笑）。

坂井　やっぱ初めてだ。それでふたりでずっとアキレス腱を伸ばしながら、ずっとくっちゃべってました。それで「今日はどんな試合するんですか？」って聞いたら、「そんな、プロレスに興味がない人じゃないですか」って言われました。

――あー、つらい、つらい。やめて、やめて（笑）。

坂井　「ギクッ、図星」と思って（笑）。

――いやいや、プロレス大好きじゃないですか。でも試合は負けたんでしょ？

坂井　そうなんですよ。リーマン・ショックを3回決めたら勝てたんだけど、普通に2発決まっちゃって、あと1回みたいになって。だけどリーマン・ショック以外の技はそんなにかけてないから、そこまでダメージを与えられていないんですよ。

――なるほど（笑）。

坂井　3発決まった時点でもうちょっとヨシ・タツさんの体力を削っておきたかったのに、なっちゃって。会場全体が「あと1回！」コールになっちゃって。それからバックドロップにいくとか自分のなかではいろいろと組み立てていたのに、じゃあもうリーマン・ショックにいくしかねえと思ってかけようとしたら、サクッと返されて負けました。変形肩固めです。

――やっぱ観に行けばよかったなあ。

坂井　ヨシ・タツさんは新日本生まれですけど、WWE育ちだったりもするので、受けるわけよ。WWEと全日本ですっかり受けのレスラーにおなりになられているので、パワポも聞かないテイでいながらちゃんと聞いてるわけですよ。それで「垂直落下式リーマン・ショックを軸に試合をやればいいんだな」と理解をされて、2回まではちゃんと受けてくれたのよ。おそらくね。

――WWEという器のデカさですね。

坂井　でも俺は「そんな余裕で受けちゃっていいのかい？」と。「これ、もう1回決まったら俺が勝つしかないんだよ？　そうしたらもう全日本レギュラーがヨシ・タツさんから俺に交代になっちゃうんだよ？」と。そうしたら狙いすましたように返されて終わりです。

――お疲れ様でした、本当に。

坂井　しかし盛り上がったな〜（笑）。

――いい夏の思い出になってんじゃん（笑）。

坂井　最後は仲良くなったりして（笑）。全日本とDDTは抗争中でずっとピリピリしているんですけどね。諏訪魔選手なんかは特にDDTに対してピリピリしていますけど、私とは自動販売機の前で「あー、先にどうぞ、どうぞ！」みたいな感じでゆずりあったりして。

――いまだかつていなかった立ち位置のレスラーだな。

坂井　大仁田さんも来ていて、「おいおい、坂井さん、なんでいんの？」って（笑）。あとは里村明衣子さんもいたし、我らが橋本千紘さんもいたし。だから明るく楽しく激しいプロレスだったかもしれないですね。

――全日本プロレスを体現したかもしれない？

坂井　そうだったのかもしれない。全日本プロレスとは縁の深い新潟でね。馬場さんのお膝元で、女子の試合あり、大仁田さんの電流爆破もあり。それでボカーンと爆発しているのを観ていた和田京平さんがコーラを飲みながらキャッキャ言ってて、「おい、坂井。長岡の花火とどっちが凄いんだ？」って言われて。

――あー、粋な言い回しだなあ。

坂井　会場の端まで何かしらの灰が飛んできましたからね。そんなこともあり、高橋ヒロム選手の試合もあり、小島聡選手の三冠戦もあり。

――「いま全日本がおもしろい」ってみんな言ってますね。

坂井　いろんな団体のいろんな選手が観られるという意味でのオールジャパン・プロレスリング感なんですよ。チャンピオン・カーニバルというかプロレスラー・カーニバルなんですよ。だから今後も4年に1回くらい出させてほしいなって思いましたねえ。

――いくつまでやる気。

坂井　でもヨシ・タツさんは凄くよかったなあ。お互いに40代半ばになって、自分はDDTのプロレスとかにプライドを持ってやってたりしているし、ヨシ・タツさんも本当にブランドが好きじゃないですか。

――ブランドって洋服？

坂井　バウンティハンター、デビロックとか洋服もそうですし、WWEブランド、新日本ブランド、国士舘ブランド、正道会館ブランドとか。俺はそういうブランドと本当に真逆だし、絶対に相容れないけど、めちゃめちゃやりやすいなと思っちゃって。

――真逆だからこそ手が合ったと。

坂井　プロレスが下手な者同士で凄く手が合ったんだよなあ。

――ブランドが真逆とか関係ねえじゃん（笑）。

坂井　いや、プロレス下手な者同士って逆に合うんですよ。「ヨシ・タツ選手の技は受けづらい。スイングDDTとかマジでヤバい」っていう声も聞くんですけど、下手な者同士だと受けやすいんですよ。

――スイングDDTでめっちゃスイングした（笑）。

坂井　スイングしすぎて、向こうにとっては会心の一撃だけど、こっちにとっては痛恨の一撃っていうね。ひょっとしてこれ、載せちゃいます？（笑）。

KAMINOGE №142

次号 KAMINOGE143 は 2023 年 11 月 6 日（月）発売予定！

金メダルを齧る寸前までがんばってみたものの、
やはり締め落とされるのが怖くて断念した大井洋一。

2023 年 10 月 12 日
初版第 1 刷発行

発行人
後尾和男

制作
玄文社

編集
有限会社ペールワンズ
（『KAMINOGE』編集部）
〒 154-0011
東京都世田谷区上馬 1-33-3
KAMIUMA PLACE 106

WRITE AND WRITE
井上崇宏
堀江ガンツ

編集協力
佐藤篤
小松伸太郎
村上陽子

デザイン
高梨仁史

表紙デザイン
井口弘史

カメラマン
タイコウクニヨシ
工藤悠平

編者
KAMINOGE 編集部

発行所
玄文社
［本社］
〒 107-0052
東京都港区高輪 4-8-11-306
［事業所］
東京都新宿区水道町 2-15
新灯ビル
TEL:03-5206-4010
FAX:03-5206-4011

印刷・製本
新灯印刷株式会社

本文用紙：
OK アドニスラフ　W A/T 46.5kg

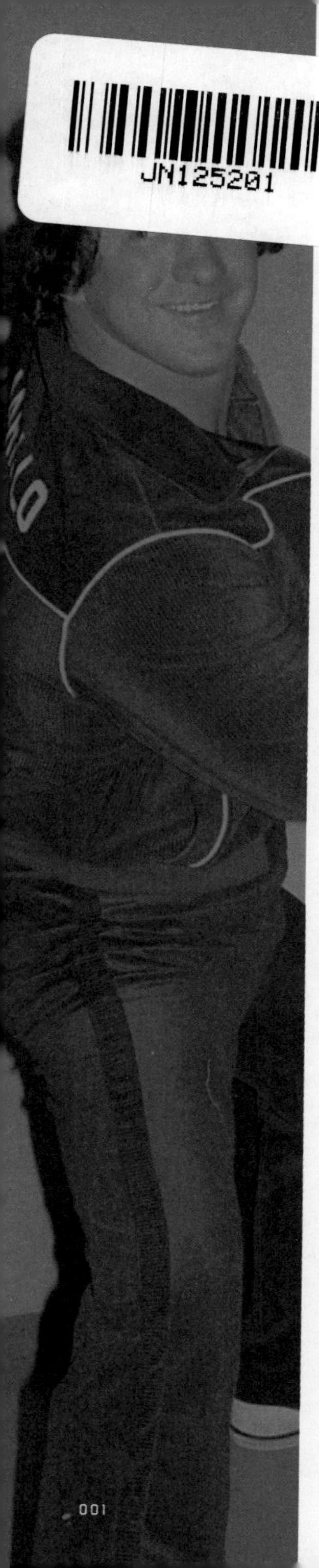

KAMINOGE Nº 142

Cover PHOTO:
Essei Hara